Papyrusinstitut Heidelberg

Schrift 3

Das Signalement in den Papyrusurkunden

von

Johannes Hasebroek

Berlin und Leipzig 1921
Vereinigung wissenschaftlicher Verleger
Walter de Gruyter & Co.
vormals G. J. Göschen'sche Verlagshandlung — J. Guttentag, Verlagsbuchhandlung — Georg Reimer — Karl J. Trübner — Veit & Comp.

Druck der Vereinigung wissenschaftlicher Verleger Walter de Gruyter & Co., Berlin W. 10.

Die nachfolgende Abhandlung ist während meiner Assistententätigkeit am Heidelberger Papyrusinstitut im Jahre 1920 entstanden. Die Benutzung des umfangreichen Apparates des Instituts war meiner Arbeit eine wesentliche Erleichterung, für die ich dem Institut zu aufrichtigem Danke verpflichtet bin.

Hamburg, im März 1921.

Johannes Hasebroek.

In den Papyrusurkunden des ptolemäischen und römischen Ägyptens ist das Signalement der einzelnen in den Urkunden erscheinenden Personen, die mehr oder weniger genaue Beschreibung ihres Äußeren nach Art des modernen Paß-Signalements eine bekannte Erscheinung. Diese Personalbeschreibungen sind auf Grund des bis dahin noch in geringem Umfange vorliegenden Materials, und zwar ausschließlich unter Zugrundelegung der Berliner Urkunden erstmalig von Gradenwitz, Einführung in die Papyruskunde (1900) S. 126 ff., nach verschiedenen Gesichtspunkten hin erörtert worden. Neben den kurzen Bemerkungen von Mitteis, Grundzüge S. 75, und gelegentlichen Hinweisen der Herausgeber der Papyri in ihren Kommentaren hat sie eingehend allein J. Fürst, Die literarische Porträtmanier im Bereich des griechisch-römischen Schrifttums (Untersuchungen zur Ephemeris des Diktys von Kreta)[1]), behandelt. Aber Fürst ist, soweit er sich im Rahmen seines Themas mit dem Signalement der Papyri befaßt, zu m. E. falschen Ergebnissen gelangt. Schon weil uns heute ein ungleich reicheres Urkundenmaterial zur Verfügung steht, erscheint eine Durcharbeitung des gesamten bis jetzt bekannten Papyrusmaterials berechtigt.

Am wenigsten auffallend in der großen Zahl der in Frage kommenden Urkunden und ganz natürlich sind die εἰκόνες[2]) als Mittel zur Beschreibung einer Person dort, wo die Person nur an Stelle eines beliebigen Gegenstandes, der zu beschreiben ist, tritt. Wie ein Grundstück[3]), wenn es verkauft wird, nach Be-

[1]) Philologus LXI (N. F. XV) 1902, Heft 3, S. 374 ff.

[2]) Vgl. εἰκονίζειν, ἀνεικόνιστος. Alle sprachlichen Belege bei P M. Meyer, Griech. Texte aus Ägypten, S. 27, Anm. 49. Auch der Scholiast spricht von den Versen der Odyssee τ 245—246, dem ältesten Beispiel eines literarischen Porträtierungsversuchs: μυθήσομαι, οἷος ἔην περ, γυρὸς ἐν ὤμοισιν, μελανόχροος, οὐλοκάρηνος, als von einem τρόπος εἰκονισμός.

[3]) z. B. Lond. III 1204 p. 10—11 Z. 18—22 (113 v. Chr.), CPR 1, 4, Z. 10 ff. (51 n. Chr.).

schaffenheit und Anliegern genau bezeichnet wird, und wie auch Tiere [1]) im gleichen Falle genau nach ihren Merkmalen beschrieben werden, so auch der zum Verkaufe gelangende Sklave [2]). In derselben Weise tritt die Personenbeschreibung in Steckbriefen auf, die das Ausführlichste sind, was wir überhaupt an Personensignalements besitzen. Wir kennen deren zwei, die sich auf zwei aus Alexandria flüchtige Sklaven beziehen [3]).

Von wesentlich anderem Charakter und, mit modernen Verhältnissen verglichen, weniger gewöhnlich ist das Vorkommen des Signalements in allen übrigen Fällen. Es sind zunächst die beiden großen Gruppen: Eingaben aller Art an Behörden und Verträge.

Bei den Eingaben an die Behörde gibt in der Regel derjenige, der sich an die Behörde wendet, außer seinem Namen auch seine Personalbeschreibung in der Eingabe an. So vor allem bei Steuersubjektsdeklarationen. Das früheste Beispiel einer solchen Deklaration mit dem Signalement ist Grenf. 45 = Wilcken, Chrest. 200 A aus dem Jahre 19 v. Chr. (Theadelphia im Fayum): Ἀπολλω(νίῳ) κωμογρα(μματεῖ) Θεαδελ(φείας) παρὰ Πνεφερῶ(τος) τοῦ Φανεμιέως δημοσίου γεω(ργοῦ), (ἐτῶν) ξγ, μελάνχρως, στρογγυλοπροσώ(που), οὐλὴ ὀπθαλμῷ δεξιῷ.

---

[1]) Grenf. II 46, Z. 12. (137 n. Chr) ὄνο(ν) θήλ(ειαν) τελ(είαν) λευκὸν μυόχ(ρουν); BGU I 88, 6 κάμηλ(ον) ἄρρενον [λ]ευκὸν τέλειον ἔχοντα χαρακτῆρα ἐν τῇ δεξιᾷ σιαγόνι καὶ δεξιῷ μηρῷ. Ferner: BGU I 87, Z. 12; Lond. II 473 p. 77, Z. 5; 466, p. 196, Z. 15; 333, p. 199, Z. 21 u. a.

[2]) BGU I 316, Z. 13—14; IV 1059, Z. 19—20; Oxy. IX 1209, Z. 15; XII 1463, Z. 10; Lips. 4, Z. 12 = 5, Z. 7.

[3]) Par. 10 (145 v. Chr.), Z. 5 ff. ὡς ἐτῶν ιη, μεγέθει μέσος, ἀγένειος, εὔκνημος, κοιλογένειος, φακὸς παρὰ ῥῖνα ἐξ ἀριστερῶν, οὐλὴ ὑπὲρ χαλινὸν ἐξ ἀριστερῶν, ἐστιγμένος τὸν δεξιὸν καρπὸν γράμμασι βαρβαρικοῖς. Es folgt hier sogar eine genaue Angabe der Kleidung. Der zweite Sklave: μεγέθει βραχύς, πλατὺς ἀπὸ τῶν ὤμων, κατάκνημος, χαροπός. An Steckbriefe ist auch Dig. 11, 4, 1, 8a gedacht, wo von den fugitivi und Maßregeln bei ihrer Ergreifung die Rede ist: eorumque nomina et notae et cuius se quis esse dicat ad magistratus deferantur, ut facilius adgnosci et percipi fugitivi possint (notae autem verbo et cicatrices continentur). Die cicatrices sind die in den Personenbeschreibungen der Papyri so zahlreich begegnenden οὐλαί.

Ἀπογράφομαι ἐματὸν εἰς τὸ ια (ἔτος) Καίσα(ρος) τελῶν σύνταξιν κ. τ. λ. Auf den Steuerdeklarationen der ptolemäischen Zeit findet sich, wie die erhaltenen Beispiele lehren [1]), die Beschreibung der Personen nicht. Auf der kombinierten Subjekts- und Objektsdeklaration vom Jahre 240 v. Chr., die in Pap. Alexandr. 1 = Wilcken, Chrest. 198 vorliegt, ist hinter dem Namen, und zwar nur bei den Kindern des Deklaranten, nicht bei ihm selbst und seiner Ehefrau, allein die Altersziffer genannt, während das eigentliche Signalement fehlt [2]). Auf Grund der wenigen uns bekannten Deklarationen aus ptolemäischer Zeit wären allein keine Schlüsse erlaubt. Da jedoch, wie schon hier gesagt sein mag, das Signalement auch bei allen übrigen Eingaben an Behörden sich ausschließlich in der römischen Zeit nachweisen läßt, so wird man schon heute schließen dürfen, daß erst die römische Verwaltung die Signalisierung in den κατ' οἰκίαν ἀπογραφαί geschaffen hat. Wo in römischer Zeit der Hausbesitzer außer sich selbst auch die einzelnen Mitglieder des Hausstandes deklariert, sind auch diese mit dem Signalement versehen. Die erhaltenen Beispiele stammen aus den verschiedensten Gauen [3]). Irgendwelche lokale Unterschiede hinsichtlich der Anwendung oder Nichtanwendung des Signalements sind hier nicht festzustellen. Daß die eigentliche Beschreibung der Person den römischen Deklarationen auch zuweilen fehlt und, wie bei den ptolemäischen, einzig die Altersziffer angegeben wird [4]), kann nicht befremden,

[1]) Wir besitzen nur drei Subjektsdeklarationen aus dieser Zeit. Es sind P. Alex. 1 = Wilcken, Chrest. 198; P. Alex. 2, vgl. Wilcken, Ostraka I 823; Lille 27 = Wilcken, Chrest. 199. Außerdem die Häuserliste (vgl. Wilcken, Archiv III 519) Petr. III 59 (d).

[2]) Ebenso sind P. Alex. 2 nur die Kinder mit der Altersangabe versehen. Vgl. Wilcken, Ostraka I 823.

[3]) Theadelphia: Lond. III 1221 p. 24 (105 n. Chr.), Soknopaiu Nesos: Amh. 74 (147 n. Chr.), vgl. Grenf. II 40 (9 n. Chr.), Philadelphia: Preisigke, Sammelbuch 5661 (34 n. Chr.), Karanis: BGU I 95 (145 n. Chr.), II 577 (201 n. Chr.), Arsinoe: Stud. Pal. I 32, 20 (257 n. Chr.), Oxyrhynchos: Oxy. II 255 (48 n. Chr.), I 72 (90 n. Chr.), 73 (94 n. Chr.), Apollonopolites: Giss. 43 (117 n. Chr.), Peptaucha im Gau Berenike Trogodytike: Hamb. 7 (132 n. Chr.).

[4]) z. B. Grenf. I 46 = Wilcken, Chrest. 200 B (18 v. Chr.), BGU I 115, 117, 118 (187 n. Chr.), 97 (201 n. Chr.).

da im einzelnen Falle Faktoren, die zu bestimmen uns heute nicht mehr möglich ist, für die größere oder geringere Ausführlichkeit entscheidend gewesen sein können.

Durch Edikt wird, wie bekannt, die Bevölkerung aufgefordert, zum Zwecke des im 14jährigen Zyklus wiederkehrenden Zensus sich in ihre ἰδία zu begeben, um hier die Deklaration vorzunehmen. Dieser Aufforderung zur Rückkehr in den Heimatort hat Wilcken, Grundzüge S. 194, Chrest. 202 Einl., tieferes Verständnis verschafft: der Erwähnung der ἀ[παρ]αστάτ(ων) ὕστερον εἰκο(νισθέντων) in Lond. II p. 55 Z. 39 = Stud. Pal. I S. 62 ist zu entnehmen, daß, abgesehen von den schriftlichen Deklarationen, die ganze Bevölkerung sich zwecks Aufnahme des Signalements in jedem Zensusjahre persönlich der Behörde des Heimatortes zu stellen hatte; jene Worte in Lond. II a. a. O. gehen auf Personen, die nicht vorgeführt werden konnten und daher erst später mit ihrem Signalement eingeschrieben sind. Bei der Bestimmung des Verhältnisses des in der Steuerdeklaration vom Deklaranten angegebenen Signalements zu jenem εἰκονίζεσθαι der Behörde kann es nicht zweifelhaft sein, daß das letztere das Primäre ist. Das ihm von der Behörde zuerkannte Signalement wendet der Deklarant in seiner ἀπογραφή an. Die Aufforderung zur Rückkehr in die ἰδία trifft nicht nur die männliche Bevölkerung, sondern auch, wie schon der Evangelist zu erkennen gibt, die Frauen. Auch dieses Moment erhält sein volles Verständnis erst durch die Signalementsaufnahme, denn kopfsteuerpflichtig ist nur der Mann. Aber auch der weibliche Teil der Bevölkerung wird alle 14 Jahre in die Listen aufgenommen, weil dies für andere Zwecke nötig ist. Erscheint z. B. die Frau als Eigentümerin des Hauses, so gibt sie in der von ihr aufzusetzenden ἀπογραφή ihr Signalement in genau derselben Weise wie der Mann als Besitzer (Oxy. II 255, 10. BGU I 154, 2). Daß alle Frauen in gleicher Weise von der Behörde signalisiert werden, ergibt sich übrigens schon daraus, daß auch der Haushaltungsvorstand in den Deklarationen ihre Signalements gibt [1]).

Auf Grund der κατ' οἰκίαν ἀπογραφαί und anderer An-

---

[1]) z. B. BGU I 95, 15; III 971, 13. Amh. 74, 15.

gaben, wie der Geburts- und Todesanzeigen, fertigt die Behörde Personenlisten nach verschiedenen Gesichtspunkten an. Zusammenstellungen zur besseren Übersicht für den Dienstbetrieb aus solchen amtlichen Listen von Dörfern des Fayum sind uns in Lond. II 257—259 (p. 19—42) erhalten (vgl. auch Lond. II 324 p. 63; III 901 p. 23; BGU I 185; II 493—510). In diesen Zusammenstellungen sind an einigen Stellen die Signalements der Personen noch nachweisbar. Die Mehrzahl hat das Schema: Haus — Einwohner, und zwar bei letzterem: Name, Stand, Alter. In Lond. II 259, 75—91 (p. 39) ist die Sachlage insofern eine besondere, als hier ausschließlich solche Männer aufgezählt sind, welche zur Zeit des letzten Zensus 57 Jahre alt waren und infolgedessen jetzt das Alter von 61 Jahren erreicht haben. Für diese Personen wird Bezug genommen auf die betreffenden Kolumnen der beiden letzten Zensuslisten der Jahre 75/6 und 89/90, wo ihre Namen begegnen und mit der Altersangabe ihr Signalement:

1. Name und Stand: . . . ων Ὀρσενο(ύφεως) τοῦ Κόμονος, μη(τρὸς) Ταθαῦτος τῆς Πεπί(ριος), δημό(σιος) γ(εωργός)

8. Jahr Vespasians	Kolumne ιθ	(ἔτος) μγ	οὐλὴ χει(ρὶ) [δ]εξιῶι
9. Jahr Domitians	„ κ	„ νξ	οὐ(λὴ) ἀντίχιρι δεξιῶι

2. Name und Stand: . . . ις Ὀννώφριος τοῦ Ἁρσᾶιτος, μη(τρὸς) Ταμούνιο(ς) τῆς Διοδώρο(υ), ὁ κ(αὶ) τετελ(ευκὼς) [Νέῳ Σ]εβ(αστῷ) κα, ἐξ ὑ(πομνήματος) Ὥρο(υ) τοῦ Ὥρο(υ) τοῦ Ὀννώ(φριος) . . . . γ(εωργός)

8. Jahr Vespasians	Kol. κζ	(ἔτος) μγ	οὐ(λὴ) τραχή(λῳ) ἐξ ἀριστ(ερᾶς)
9. Jahr Domitians	„ με	„ νζ	οὐλὴ καρπῷ δεξιῷ ὑπτίῳ

3. Name und Stand: . . . νωρ Σαταβ(οῦτος) τοῦ Ὀρσενο(ύφιος), μη(τρὸς) Σοήρεως τῆς Πετοβ(άστιος)

8. Jahr Vespasians	Kol. λβ	(ἔτος) μγ	
9. Jahr Domitians	„ ν	„ νζ	ο[ὐλὴ . . . .] ενο ( ) . .

4. Name und Stand: . . . . τοῦ Σαταβ(οῦτος), μη(τρὸς) Θαήσι(ος) τῆς Πεθ[έ]ως

9. Jahr Vespasians	Kol. ξθ	(ἔτος) μγ	οὐλ(ὴ) καρπῷ δεξιῶι
9. Jahr Domitians	„ ρδ	„ νζ	οὐλὴ . . . . . . δεξιῶι

5. Name und Stand: [Κ]άστωρ Κάστωρος τοῦ Πεταῦτος, μή(τρὸς) Σενμούθ(ιος) τῆς Σενα . . . ς, [τε]τελ(ευκὼς) Ν[έ]ῳ Σεβ(αστῷ) . . . ἐξ ὑ(πομνήματος) Παπεῖτ(ος) τοῦ Παπεῖτος . . . . ους

8. Jahr Neros	Kol. κη	(ἔτος) κθ	οὐ(λὴ) ἀντίχ(ιρι) δεξιῶι
8. Jahr Vespasians	„ νθ	„ μγ	οὐ(λὴ) καρπῶι δεξιῶι.

Die Signalements der Personen sind hier in den einzelnen Zensusjahren verschieden. Das zeigt, daß die jedesmalige behördliche Aufnahme des Signalements nicht in einer bloßen Bestätigung des bisherigen, auf das letzte Zensusjahr zurückgehenden Signalements besteht, sondern daß bei jedem Zensus ein neues Signalement aufgenommen wurde [1]). Daß die Behörde im Besitze des Signalements der Bevölkerung ist und es von sich aus weiter verwendet, zeigt auch Oxy. VII 1024. Hier beauftragt der Stratege des Oxyrhynchites unter Gegenzeichnung des βασιλικὸς γραμματεύς den Lokalsitologen, einem Apollonius Heliodorus aus Oxyrhynchos eine bestimmte Menge Saatkorn auf dessen Verlangen auszuhändigen. Den Letztgenannten bezeichnet der Stratege genauer, Z. 15 ff. μητρὸς Θαΐδος Χ[αι]ρήμονος ἀπ' 'Οξυρύγχω(ν) πόλεως, ὡς (ἐτῶν) οθ, ο(ὐλὴ) ὀφρ(ύι) δεξ(ιᾷ) und fügt dann für den Sitologen hinzu: ὃν καὶ γνωριεῖς ἰδίῳ κινδύνῳ, den er also auf eigenes Risiko identifizieren soll unter hauptsächlichster Zugrundelegung des Signalements. Der Stratege ist hier im Besitze des Signalements des Apollonius. Da ein entsprechender Antrag des Apollonius, ihm das Saatkorn auszuhändigen (Z. 19 f. ἣν ἤρηται δι' αἰτήσεως), dem Auftrag des Strategen vorausgegangen ist, so ist anzunehmen, daß Apollonius auf der Eingabe an den Strategen sein Signalement bereits seinem Namen hinzugefügt hat; darauf führt die Analogie der gleich zu betrachtenden Eingaben an Behörden. Der Stratege verglich dann dieses Signalement mit dem auf Grund des letzten Zensus in den Listen befindlichen desselben Apollonius, um ihre Übereinstimmung festzustellen. Erst dadurch ist er genau über den die Eingabe Einreichenden orientiert. Durch die Angabe des Signalements des Empfängers steht in der Reihe von Saatanweisungen dieser Art die eben betrachtete vereinzelt da. Die Signalisierung wird hier ihren Grund darin haben, daß jener Apollonius, der im Dorfe Ophis ein Landgut bewirtschaftet (Z. 20), in den Bevölkerungslisten

---

[1]) Einen anderen derartigen Auszug, und zwar aus dem 7. Jahr Trajans (103/4 n. Chr.), besitzen wir in BGU II 562 = Wilcken, Chrest. 220, Z. 6—13. Der in Z. 10 genannte Eubulos wird hier als ἄσημος bezeichnet. Bei den übrigen Namen führt der Auszug nur die Altersziffer an.

der Kome als kürzlich neu Zugezogener noch nicht mit seinem Signalement verzeichnet war. Daß im übrigen Dorf- und Metropolenbehörde in gleicher Weise im Besitze der Signalements der einzelnen Bewohner sind, ist selbstverständlich; denn die Dorfbewohner richten ihre κατ' οἰκίαν ἀπογραφαί in mehreren Exemplaren gleichzeitig an den Strategen und den königlichen Schreiber, wie an den Dorfschreiber[1]).

Dadurch, daß die Behörde jedem einzelnen der Bevölkerung bei jedem Zensus sein Signalement gibt, wird dieses der Behörde gegenüber zum integrierenden Bestandteil des Personennamens. So erklärt es sich, daß der einzelne nicht nur bei seiner Steuerdeklaration, sondern in allen Fällen, in denen er sich an die Behörde wendet, auf seiner Eingabe mit seinem Namen auch sein ihm von der Behörde beim letzten Zensus gegebenes Signalement angibt. Ich zähle im folgenden die mir bekannten Arten signalisierter Eingaben, die, wie hervorgehoben, ausschließlich der römischen Zeit angehören, auf.

Todesanzeigen. An den βασιλικὸς γραμματεύς gerichtet: Ryl. II 105 (136 n. Chr.), BGU I 17 (142 n. Chr.); an den κωμογραμματεύς: Fay. 29 (37 n. Chr.); an den ἑκατόνταρχος: BGU I 98 (211 n. Chr.).

Anzeigen, in denen um Intervention der Behörde und Rechtsverschaffung durch ihre Hilfe gebeten wird. An den Strategen gerichtet: Ryl. II 126 (28 n. Chr.) Ernteschaden durch fremdes Vieh; Genf 28 (137 n. Chr.) Diebstahl; BGU I 22 (144 n. Chr.) Diebstahl. An den ἐπιστάτης φυλακειτῶν: Ryl. II 125 (28 n. Chr.) Raub; Ryl. II 127 (29 n. Chr.) Einbruch; Ryl. II 128 (30 n. Chr.) Kontraktbruch und Raub; Ryl. II 140 (36 n. Chr.) Diebstahl; Ryl. II 146 (39 n. Chr.) Hauseinbruch. Das Signalement erscheint bei diesen Anzeigen fast ausnahmslos am Schluß der Eingabe, untrennbar mit dem Namen des Absenders verbunden: z. B. BGU I 98, 26 Τανομιεὺς ὡς (ἐτῶν) λ, οὐλ(ὴ) μηρῷ δεξ(ιῷ), Ryl. II 126 . . . εὐτύχει· Ὀννῶ(φρις) (ἐτῶν) ν, οὐ(λὴ) δακ(τύλῳ) μικ(ρῷ) (χειρὸς) ἀρισ(τερᾶς).

Sonstige Anzeigen an den Strategen: Sammelbuch 4284,

---

[1]) Wilcken, Ostraka I 441.

(207 n. Chr.) Beschwerde einer Gruppe von 24 Personen. Am Schlusse steht die lange Liste von 24 Namen, jeder einzelne mit dem Signalement. Oxy. III 476 (II. n. Chr.) Bericht betr. eine Leichenschau durch zwei ἐνταφιασταί, deren Signalements angegeben sind. BGU II 647 (130 n. Chr.) Ärztliches Gutachten; mit dem Signalement versehen sind die beiden Dorfältesten, die das Gutachten des Arztes unterschreiben; nicht signalisiert ist der Arzt und ein als Zeuge fungierender ὑπηρέτης. Petitionen verschiedenster Art, gleichfalls gerichtet an den Strategen: Oxy. I 97 (115 n. Chr.) Übertragung einer Prozeßvollmacht an einen Dritten; signalisiert ist sowohl der die Vollmacht Erteilende, als der sie Empfangende. BGU III 891 (135 n. Chr.) Eidesleistung; drei Personen, welche den Eid leisten, haben das Signalement. Genf 37 (186 n. Chr.) Eingabe betr. Ersatzvorschläge von Liturgen von den πρεσβύτεροι aus Soknopaiu Nesos, die durch einen Σωτήριχος vertreten werden, der das Signalement hat (zur Lesung des letzteren vgl. Archiv I S. 554). Archiv IV 142 I 15 (140 n. Chr.) Bericht eines kaiserlichen Weideaufsehers an den Strategen; der Berichtende ist signalisiert. Amh. 109 (185 n. Chr.) Quittung über Geldempfang, gerichtet an den Strategen, ausgestellt von den πρεσβύτεροι einer κώμη; ein einziger der πρεσβύτεροι schreibt im Namen der übrigen und hat allein das Signalement. Flor. 2 (265 n. Chr.) Liturgenvorschläge von Komarchen, die außer ihren Namen auch ihre Signalements geben: Z. 15, 17, 70, 72, 94, 149, 263; es fehlt Z. 95, 117, 150, 179, 180, 210, 211, 240, 265. Vgl. außerdem noch Lond. II 363, p. 170 (II./III. n. Chr.) die Petenten sind zwei Priester; Fay. 24 (158 n. Chr.), Flor. 56 (234 n. Chr.).

Anzeigen an andere behördliche Organe. An den βασιλικὸς γραμματεύς: Hamb. 4 (87 n. Chr.) Eidliches Gestellungsversprechen; der das Versprechen Abgebende ist signalisiert. An den ἑκατόνταρχος: Grenf. II 62 (211 n. Chr.) Eidliche Bürgschaftserklärung; der die Bürgschaft Leistende gibt sein Signalement. An den δεκάταρχος: Grenf. I 47 (148 n. Chr.) Benachteiligung des Anzeigenden durch dritte Personen. Flor. 9 (255 n. Chr.) Anzeige. An den Topogrammateus und Komogrammateus: Oxy. II 251 (44 n. Chr.) Anzeige der

Flucht eines Einwohners aus seinem Orte. An den λιμναστής der 6. Toparchie: Mey. 4 (161 n. Chr.) Bericht des Dorfschreibers und Dorfältesten von Theadelphia. Beide haben das Signalement. An den ἐπιτηρητὴς πλίνθου νομοῦ: Fay. 36 (111 n. Chr.) Eingabe über ein Monopolpachtangebot. An den πραιπ(όσιτος)α″ καὶ β″ πάγου: Flor. 34 (342 n. Chr.) Schriftliche Bürgschaftsleistung. Der Bürgende hat das Signalement.

An die βουλή gerichtet; ich kenne nur Beispiele aus Hermupolis: Stud. Pal. V 95 Angebot an den Rat zur Übernahme öffentlicher Arbeiten von mehreren Personen, die ihr Signalement geben. Stud. Pal. V 71 Pachtangebot, gerichtet an den Rat; der sich Anbietende ist signalisiert. An einzelne Buleuten: P. Münch. = Wilcken, Chrest. 434 (390 n. Chr.) Bürgschaftsleistung. Flor. 75 (380 n. Chr.) Quittung eines ναυκληροκυβερνήτης, der signalisiert ist. Stud. Pal. I 34 (343 n. Chr.) Quittung eines Reeders. Flor. 52 (376 n. Chr.) Eingabe an den curialis von 15 Personen, die sich bereit erklären, einen Feuerschaden zu ersetzen; alle 15 haben das Signalement. Ein privates Pachtangebot von drei Personen mit Signalement der sich Anbietenden, gerichtet an die Buleuten von Antinoupolis, ist endlich Flor. 383 (233 n. Chr.).

Daß bei der militärischen Epikrisis eine Aufnahme der Signalements stattfindet und die Signalements der Rekruten mit ihren Namen in den Listen geführt werden, ist noch zu erkennen. Oxy. VII 1022 = Wilcken, Chrest. 453 (103 n. Chr.) ist ein Brief des Präfekten C. Minicius Italus an Celsianus, den Präfekten der cohors III Ituraeorum, in welchem er dem letzteren sechs Rekruten, die er nach Untersuchung ausgehoben hat, zur Aufnahme in die numeri überweist. Diese Rekruten sind in dem Schreiben sämtlich mit ihren Signalements versehen: (3. Hand) ce [?] (1. Hand) [C.] Minicius Italu[s C]elsiano suo salutem. Ṫirones sexs probatos a me in coh(orte) cui praees in numeros referri iube ex XI Kalendas Ṁartias: nomina eorum et icon[i]smos huic epistulae subieci. Vale frater karissim[e]. C. Veturium Gemellum annor(um) XXI sine i(conismo), C. Longium

Priscum annor(um) XXII, i(conismus) supercil(io) sinistr(o), C. Iulium Maximum ann(orum) XXV sine i(conismo), [.] Lucium Secundum annor(um) XX sine i(conismo), C. Iulium Saturninum annor(um) XXIII, i(conismus) manu sinistr(a), M. Antonium Valentem ann(orum) XXII, i(conismus) frontis parte dextr(a). (2. Hand) Accepta VI K(alendas) Martias ann(o) VI Imp(eratoris) Traiani n(ostri) per Priscum singul(arem). Avidius Arrianus cornicular(ius) coh(ortis) III Ituraeorum scripsi authenticam epistulam in tabulario cohortis esse.

Aus ptolemäischer Zeit liegt eine Aufforderung zur Einregistrierung eines Katoiken, der vorher zur Polizeitruppe der ἔφοδοι gehört hatte, in Teb. 32 = Wilcken, Chrest. 448 (145 [?] v. Chr.) vor. Der Mann wird dem πολίτευμα τῶν Κρητῶν, einer jener halbpolitischen Organisationen, die aus den nationalen Regimentern hervorgingen, zugewiesen. Die Beamten dieser Organisation (Sosos und Aigyptos) fordern den Syntaxis-Beamten der Katoiken, Pankrates, auf, den ihnen neu Zugewiesenen einzuregistrieren und in die 5. Hipparchie τῶν ἑκατονταρούρων aufzunehmen. Pankrates gibt die Sache weiter an den königlichen Schreiber und an Aristippos, wohl den τοπογραμματεύς, der letztere an einen Eumelos, vermutlich den κωμογραμματεύς. In jenem Schreiben von Sosos und Aigyptos an Pankrates erscheint nun auch das Signalement des Einzuregistrierenden (Z. 21—23): ὑποτετάχ[α]μεν δὲ κα[ὶ] τὴν εἰκόνα αὐ[τοῦ] καὶ τοῦ υἱοῦ τὸ ὄνομα. Ἔστι δὲ ὡς (ἐτῶν) κβ βραχὺς μελίχρ(ως) κλαστός . . . κ. τ. λ. Das zeigt, daß in den militärischen Akten der Kleruch mit seinem Signalement geführt wird und daß die Kleruchenbehörde des betreffenden Dorfes Listen derselben Art, wie die römischen Rekrutenlisten, unterhielt.

Schon auf Grund der bisher betrachteten Anwendung der Personalbeschreibungen ergibt sich ihr Sinn und ihr Zweck. Fürst hat ihn in seinem Aufsatz (s. oben S. 1) verkannt. Indem er, ausgehend von den Personalbeschreibungen der griechischen Diktysüberlieferung und der Byzantiner, zur Betrachtung der ägyptischen Verhältnisse gelangt, sieht er in den Signalements der Papyrusurkunden die gleiche Manier wie bei den rein literarischen Erzeugnissen und leugnet infolgedessen (S. 379) deren realen Hintergrund und praktischen Zweck. Schon weil das Signalement mit der Zeit einfach leere Formel geworden sei, könne es als amtliches Distinktivum nie gedient haben (S. 399 Anm. 61). Dem ist entgegenzuhalten, daß die Anwendung einer nur beschränkten Zahl von Termini, die Entstehung eines Formelhaften hier mit der Sache von vornherein gegeben ist und gegen den praktischen Wert nichts beweisen kann, selbst wenn, wie sich noch zeigen wird, in einzelnen Fällen flüchtig und schematisch verfahren worden ist. Für die hier in Frage kommenden spezifischen Charakteristika zur Beschreibung der menschlichen Person ist der Wortschatz einer jeden Sprache ein verhältnismäßig beschränkter. Wenn die Mehrzahl der Termini in den Papyrussignalements [1]) unter den Termini der Scriptores physiognomici zu belegen ist und diese wiederum in die Terminologie des späteren Porträtisten übergegangen sind, so ist das ebensowenig irgendwie beweisend. Es bedarf keiner Worte, daß die Personalbeschreibungen der Papyri etwas ganz anderes sind, als jene literarischen Stilübungen und Hirngespinste, und daß sie einzig und allein dem juristisch-praktischen Zweck dienen, die Identität der Personen zu garantieren. Dazu zwang die große Menge der Homonymen, die der ganzen antiken Welt im Gegensatz zu unserer eigen ist, die weit geringere Sicherheit der hier in Frage kommenden Verhältnisse überhaupt. Aus keinem anderen Grunde geschieht in den Urkunden die umständliche Hinzufügung des Namens des Vaters, Großvaters, der Mutter und deren Vater. Der Name des in Frage Stehenden allein konnte nur in seltenen Fällen genügen. Ausdrücklich betont wird übrigens der Zweck der Personenbeschreibungen in Teb. 316, wo der Ephebe unter anderem schwört, daß er sich keines gleichlautenden Namens bedient habe (Z. 10, 50, 83): μηδὲ ὁμονυμίᾳ κεχρῆσθαι, und unter den anderen Personalien auch sein Signalement angibt (Z. 16): καὶ ἐσμὲν ἐτῶν ὁ μὲ[ν] Δημήτριος (ἐτῶν) κγ, ὁ δὲ Ἡλιόδωρος (ἐτῶν) ιθ, τοῦ δὲ Δημητρίου φακῷ ἀριστερῷ, τοῦ δὲ Ἡλιοδώρου οὐλὴ στήθι μέσῳ, vgl. Z. 59 ἄσημος, Z. 90 ἄσημος. Welchen Wert man auf die Identifizierung legt, zeigt auch die

[1]) Darüber im einzelnen unten.

Tatsache, daß der Siegelring vielfach neben oder an Stelle des Signalements vollkommen gleichberechtigt erscheint, wie in den Testamenten Oxy. I 105, III 491, 494 [1]).

Einzig dem Zwecke der Identifizierung der Partner dient das außerordentlich häufig begegnende Signalement der Parteien in den Verträgen. Auch dem Notar gegenüber ist die Identität der Person nicht einfach mit dem Namen gegeben [2]). Während heute der dem Notar persönlich bekannte oder der durch ihm persönlich bekannte Personen rekognoszierte N. N. erscheint, gibt der ägyptische Notar einfach Namen und Signalement, d. h. er beschreibt den Anwesenden nur und übernimmt strenggenommen keine Garantie für die tatsächliche Identifizierung. In einer Reihe von Fällen ist noch wahrzunehmen, daß der Notar mit eigener Hand das Signalement in die von seinem Schreiber aufgesetzte Urkunde nachträglich, und zwar in den für diesen Nachtrag vom Schreiber besonders freigelassenen Raum einfügt, daß bei Verträgen er es also ist, der das Signalement der vor ihm erscheinenden Personen aufnimmt [3]). So besonders deutlich Flor. 1, 1 ff.: ... ἐδάνισεν Ἑρμιόνη Εὐδαίμονος ἀστὴ ὡς (ἐτῶν) (2. Hand) ιθ (1. Hand) μετὰ κυρίου τοῦ ἑαυτῆς πατρὸς Εὐδαίμονος Σαραπίωνος τοῦ Διονυσίου Σωσικοσμίου τοῦ καὶ Ἀλθαιέως ὡς (ἐτῶν) (2. Hand) ξζ, βεβλ(αμμένου) τὸ(ν) ἀρισ(τερὸν) ὀφθ(αλμὸν) (1. Hand) Πτολεμα̣ ... κ. τ. λ. ὡς (ἐτῶν) (2. Hand) λ ο(ὐλὴ) μετ(ώπῳ) μέσ(ῳ) (1. Hand) μετὰ κυρίου τοῦ πατρὸς Ὡρίωνος Ἑρμίου ὡς (ἐτῶν) (2. Hand) νδ ο(ὐλὴ) μετ(ώπῳ) ἐξ ἀρισ(τερῶν) (1. Hand) ἀργυρίου ... κ. τ. λ. Vgl. noch Lond. III 1168 p. 135 Z. 2—3; Stud. Pal. I 32, p. 20 f.

Unter den verschiedenen Vertragsarten begegnet innerhalb des uns zur Verfügung stehenden Materials das Signalement am häufigsten in Kaufverträgen. In der Mehrzahl der Fälle sind hier beide Partner, Käufer und Verkäufer, signalisiert [4]). Treten Kyrioi und Hypographeis auf, so haben auch sie — und

[1]) S. unten S. 16.

[2]) Vgl. Gradenwitz, Einführung S. 127.

[3]) S. auch Preisigke, Straßburger Papyri I, S. 175.

[4]) z. B. Amh. 102; BGU II 667; Mey. 12. 13; Oxy. I 99, II 504, IX 1209.

das gilt nicht nur für Kaufverträge, sondern für alle Vertragsarten — in den meisten Fällen das Signalement [1]). In einer ganzen Anzahl von Kaufverträgen (es ist dies rund der vierte Teil aller uns bekannten Kaufverträge mit einem Signalement) ist aber nur der Verkäufer signalisiert, der Käufer ohne Signalement. Dieses einseitige Signalement ist bei Kaufverträgen zu allen Zeiten üblich gewesen, doch überwiegt es in der Spätzeit, wie die erhaltenen Beispiele lehren [2]). Der Verkäufer ist derjenige Teil, der möglicherweise später dem Käufer gegenüber angebliche Rechte an dem früher ihm Gehörigen geltend machen, den vollzogenen Kauf sogar leugnen könnte. Er ist dem Käufer gegenüber derjenige, der die Forderung der Kaufsumme stellt. Deshalb ist in Ägypten der Kauf auch stets auf die Erklärung des Verkäufers abgestellt. Den Verkäufer gilt es also ganz anders als den Käufer im Vertrage seiner Person nach festzulegen, um ihm jegliche Machenschaften von vornherein unmöglich zu machen. Für den Käufer kommen nach Abschluß des Vertrages widerrechtliche Manipulationen dieser Art gar nicht in Frage.

Auf manchen Urkunden ist zwischen dem „einseitigen" Signalement und dem Signalement beider Parteien eine Übergangsform zu konstatieren: der Verkäufer ist ausführlich, der Käufer nur flüchtig nach seinen Personalien beschrieben. So hat auf BGU III 997, Grenf. 33, Lips. 2 [3]), während der Verkäufer mit

---

[1]) Beispiele (Kaufverträge): Lond. II 334, p. 211; BGU I 87; CPR 1, 223. Oft ist der Kyrios ausführlicher signalisiert als der Partner selbst, so bei ἀφήλικες, wie in Flor. 81, 3—4. Kyrios und] Hypographeus ohne Signalement z. B. Lips. 1, 9; Flor. 383, 37; Cairo Goodsp. 13, 8; Grenf. II 72, 16.

[2]) 3. Jahrh. v. Chr.: Preis. 37, 6. 2. Jahrh. v. Chr.: BGU III 995; Grenf. II 28, 4. 32, 5. 1. Jahrh. v. Chr.: Amh. 51, 23; BGU III 999; Lond. III 1209, p. 20. 1. Jahrh. n. Chr.: Lond. II 262, p. 177; Sammelbuch 5231 = 5275. 2. Jahrh. n. Chr.: Grenf. II 2, 51; BGU I 88. 3. Jahrh. n. Chr.: CPR 6, 5. 8, 8; BGU II 413. 4. Jahrh. n. Chr.: Cairo Goodsp. 13, 1. 5. Jahrh. n. Chr.: Straßb. 1. Im 3. Jahrh. haben unter 10 Kaufverträgen mit Signalement 3 das einseitige Signalement (gegenüber einem Verhältnis von 26 : 2 im 2. Jahrh.); im 4. und 5. Jahrh. alle bekannten Fälle.

[3]) Zur Lesung hier: Wilcken, Archiv IV 458. Es ist Z. 9 zu lesen (Signalement des Käufers) ὡς (ἐτῶν) μ. Ganz isoliert steht CPR 64 [227 n.] da, wo nicht der Verkäufer, sondern allein der Käufer das Signalement hat.

dem vollen Signalement versehen ist, der Käufer hinter seinem Namen nur die Altersangabe. Auf BGU III 998, Hamb. 38, 21, Lips. 1 haben zwar Käufer und Verkäufer beide ein Signalement, aber die Beschreibung der Person des Käufers ist, verglichen mit derjenigen des Verkäufers, kürzer [1]).

Darlehensverträge. In der Mehrzahl der Fälle sind auch hier beide Partner, der Darlehensgeber und der Darlehensempfänger, mit dem Signalement versehen. Das früheste mir bekannte Beispiel ist der Schuldschein Grenf. I 10 vom Jahre 174 v. Chr. Auch bei den Darlehensverträgen hat rund der vierte Teil der bekannten signalisierten Fälle das einseitige Signalement: nur der Schuldner ist beschrieben; denn er ist der sich verpflichtende Teil, der sich unter Umständen den Forderungen des Gläubigers entziehen könnte. Wie bei den Kaufverträgen scheint bei den Darlehensverträgen das einseitige Signalement ein Charakteristikum der Spätzeit zu sein: mit Ausnahme von Straßb. 75, Lond. II 310 p. 208, Ryl. II 175 gehören alle bisher bekannten „einseitigen" Fälle dem dritten und vierten Jahrhundert an. Meist haben das einseitige Signalement des Schuldners die „Schuldscheine", die Handscheine, die der Schuldner dem Gläubiger über den Empfang des ihm ausgehändigten Darlehens ausschreibt [2]); übrigens geben auch die Handscheine über Kauf fast nur das Signalement des Verkäufers [3]). Jene Übergangsform der Signali-

—

[1]) Lips. 1 Verkäufer (Z. 3): ὡς (ἐτῶν) λ, εὐμεγέθης μελί(χρως) ὑπόκλαστος μακροπρ(όσωπος) εὐθύριν οὐλὴ ὀδόντι καὶ παρ' ὀφθαλμὸν ἀριστερόν, Käufer (Z. 8): ὡς (ἐτῶν) κε ἐλάσσω(ν) μελί(χρως) κάκοψις. BGU III 998 Verkäufer (Z. 4): ὡς (ἐτῶν) νε μέσος μελίχρω(ς) τετανὸς ἀναφάλακρος μακροπρόσω(πος) εὐθύριν οὐλὴ μήλῳ [ἀρισ]τερὸν ἐπισ[κάζω]ν τὸν πόδα δεξιόν, Käufer (Z. 6): ὡς (ἐτῶν) λ μέσος μελίχρω(ς) ὑπόκλαστος μακροπρόσω(πος) εὐθύριν ἄσημος. Hamb. 38 Verkäufer (Z. 21): [ὡ]ς (ἐτῶν) ξβ λευκὸν ἐν ὀφθαλμῷ ἀριστερῷ οὐλ(ὴ) ἀντικ(νημίῳ) ἀριστ(ερῷ), Käufer (Z. 22): [ὡ]ς (ἐτῶν) λ οὐλ(ὴ) καρπῷ [ἀ]ρ(ιστερῷ).

[2]) z. B. BGU IV 1015, Grenf. II 72, Lips. 12, Straßb. 75, Lond. III 939, p. 174; 975, p. 230; Thead. 10.

[3]) z. B. CPR 10, Kol. I; Cairo Goodsp. 13; Lips. 16; Straßb. 1. Über das Signalement der Handscheine im übrigen unten S. 21.

sierung, die wir für Kaufverträge konstatieren konnten, ist auch bei Darlehensverträgen nachweisbar [1]).

Pachtverträge mit dem Signalement gibt es, soweit ich sehe, nur aus römischer Zeit. Das früheste mir bekannte Beispiel ist BGU I 197 aus dem Jahre 17 n. Chr. [2]). Überwiegend sind auch hier beide Partner, der oder die Verpächter und Pächter [3]) mit ihren Signalements versehen. Aber daneben begegnet auch hier das einseitige Signalement: es ist der Verpächter, den es festzulegen gilt [4]).

In Teilungsverträgen sind ausnahmslos beide Parteien signalisiert, eben weil hier vollkommene Gleichberechtigung der Partner besteht [5]).

Hingegen tritt bei Quittungen neben dem Signalement beider Seiten, des Quittierenden und desjenigen, dem die Quittung ausgestellt wird, wieder das einseitige Signalement, d. h. des Quittierenden als des sich verpflichtenden Partners, allein in Erscheinung. Beispiele für Quittungen mit Signalement beider Parteien sind die folgenden: BGU I 297 (50 n. Chr.) Empfangsbescheinigung einer Amme über Empfang ihres Lohnes. Signalisiert sind: die Amme, ihr Kyrios, die Lohngeberin der Amme, zwei Hypographeis. Fay. 97 (78 n. Chr.) Quittung über Empfang des aus elterlicher Teilung zufallenden Anteils. Signalisiert sind: der Empfänger, der Gebende, zwei Hypographeis. BGU III 856 (106 n. Chr.) Quittung über Empfang eines Depositums. Signalisiert: der Deponent, der Depositar, ein Hypo-

---

[1]) Preisigke, Sammelbuch 4370. Signalement des Schuldners (Z. 7): ὡς ἐτῶν τριάκοντα δύο, οὐλὴ ἀν[τικνημίῳ] ἀριστερ[ῷ], des Gläubigers (Z. 10): ὡς ἐ[τῶν] τεσσα[ράκο]ντα ἑπτά.

[2]) Weitere Beispiele: 1. Jahrh.: BGU II 644, III 912; CPR 242. 2. Jahrh.: Flor. 359.; Teb. 311. 372. 3. Jahrh.: Straßb. 30.

[3]) Sieben Verpächter, alle mit ihren Signalements: Lond. III 842, p. 141; desgl. drei Verpächter: BGU III 916; zwei Verpächter: BGU II 526. Mehrere Pächter mit Signalements: BGU I 197; II 538. 644.

[4]) Lond. III 842, p. 141; Teb. 372; CPR 240 (alle aus dem 2. Jahrh. n. Chr.).

[5]) 2. Jahrh. v. Chr.: Lond. III 880, p. 8. 1. Jahrh. v. Chr.: Teb. 383; BGU IV 1013. 1037; Ryl. 2, 156, Z. 33 ff. 3. Jahrh. n. Chr.: BGU I 234; II 444; CPR 11. 174.

grapheus. Lond. II 298 p. 206 (124 n. Chr.) desgl.; CPR 29 (184 n. Chr.) desgl.; Fay. 98 (123 n. Chr.) Quittung über Empfang von Wohnungsmiete. Signalisiert sind: der Vermieter, Mieter, dessen Kyrios, Hypographeus. BGU III 834 (125 n. Chr.) Eine Gruppe von zehn Personen bestätigt dem κωμογραμματεύς den Empfang von Getreide. Alle zehn Personen und der κωμογραμματεύς sind signalisiert. Einseitiges Signalement: BGU II 419 (276 n. Chr.) X. quittiert seinem Bruder Y. den Empfang von väterlichem Erbgut; nur der Quittierende und sein Hypographeus sind signalisiert. Flor. 314 (428 n. Chr.) Empfang eines Depositums; signalisiert ist nur der Depositar. Die beiden zuletzt angeführten Beispiele sind Handscheine, alle übrigen Notariatsverträge.

In den Ehekontrakten hat regelmäßig der Ehemann das Signalement, fast durchweg auch die Ehefrau und ihr Kyrios[1]). Doch ist in Ryl. II 154 allein der Ehemann und Vater der Ehefrau, die letztere, obwohl im Vertrage mit Namen genannt, nicht signalisiert. Der Vater der Ehefrau begegnet mit dem Signalement auch Oxy. VI 906, doch ist der Anfang der Urkunde verstümmelt. Neben den Hypographeis sind dann die Zeugen (BGU I 251. 252), in Oxy. VI 906 ein Bürge des Mannes signalisiert. In der Scheidungsurkunde BGU III 975 haben Ehemann und Ehefrau das Signalement, in der Syngraphodiatheke BGU I 183 die Mutter der Eheleute als Erblasserin, neben Ehemann, Ehefrau, Kyrios und drei Hypographeis, die sämtlich signalisiert sind. Alle mir bekannten mit Signalement versehenen Ehekontrakte gehören der römischen Zeit an.

Testamente mit Signalements sind in der Zeit von 236 v. Chr. bis 295 n. Chr. nachweisbar. Die ältesten Beispiele sind die sogen. Soldatentestamente in Petr. III. Mit dem Signalement versehen ist ohne Ausnahme der Erblasser; dann die Zeugen, meist sechs, wie in Oxy. I 105, III 489—492. Ryl. II 153, sämtlich aus dem zweiten Jahrh. n. Chr. In Oxy. III 494 (156 n. Chr.) steht bei den Zeugen 1—4 hinter ihren Namen die Beschreibung des Siegelrings, bei den Zeugen 5 und 6 ihr Sig-

[1]) BGU I 232. 251. 252. IV 1045 (I). Lips. 27; CPR 21. 22. 24. 28.

nalement. Fünf Zeugen, alle mit Signalement, finden sich Archiv I 63, 30 (123 v. Chr.). Dagegen ist der Erbe, obwohl er im Testament mit Namen genannt wird, mit Ausnahme von zwei Fällen (unter 21 mir bekannten)[1]) nie signalisiert: irgendeine Verpflichtung, der er sich entziehen könnte, besteht für den Erben nicht; ihn besonders festzulegen ist nicht nötig, da er im gegebenen Falle von selbst zur Wahrung seines Vorteils sorgt. Anders liegt es bei der Person des Epitropos, des Testamentsvollstreckers, den der Erblasser für seine Kinder bestimmt. Er kann sich allerdings unter Umständen seinen Verpflichtungen entziehen. Deshalb ist er beispielsweise in Petr. III 12, 7 (236 v. Chr.) mit dem Signalement versehen. Der Hypographeus des Erblassers ist Oxy. III 489. 490, BGU I 86 signalisiert.

Bei den Bankurkunden (διαγραφαί) kommt die Personalbeschreibung nur in Verbindung mit dem Zahlungsempfänger vor, während der Anweisende niemals signalisiert ist[2]). Das hat schon Gradenwitz, Einführung S. 129, erklärt[3]): der Anweisende ist als Kunde der Bank bekannt. Zudem besteht ein Interesse des Zahlenden, seine Beteiligung zu verleugnen, nicht. Die Anwendung des Signalements auf den Zahlungsempfänger durch den Bankier tritt schon im vierten vorchristlichen Jahrhundert in Athen entgegen, nur daß es hier der Bankier allein im Bankbuch notiert, wie ich es bereits früher an anderer Stelle wahrscheinlich gemacht habe[4]). Der Zeit nach gehören alle mir bekannten διαγραφαί dieser Art in die Jahre von 151 (BGU III 702) bis 212 n. Chr. (Lond. III 1164 b p. 157).

Die letzte größere Gruppe von Beispielen mit Personalbeschreibung bilden die privaten Pachtangebote,

[1]) Petr. III 1 (2), Z. 12—15 (hier ist auch der Kyrios des Erben signalisiert) und Petr. III 10.

[2]) BGU II 427. 472 (I), 607; III 702; IV 1016. Lond. II 320, p. 198; 336, p. 221; III 1164b, p. 157. CPR 15. Flor. 44. Archiv V 384, nr. 116, v. 5.

[3]) Vgl. noch Erman, Archiv II 458, und Gradenwitz, Festschrift für Koch (1903), S. 264.

[4]) Zum griechischen Bankwesen der klassischen Zeit (Hermes LV, S. 130, Anm. 3).

Angebote von Privaten gerichtet an Private, in denen der Anbietende mit seinem Namen auch seine Personalbeschreibung angibt [1]). Alle mir bekannten Fälle dieser Art gehören der römischen Zeit an [2]). Es fragt sich, wer bei diesen schriftlichen Angeboten das Signalement aufgenommen hat. Da die Angebote stets Handscheine sind, so kommt der Notar nicht in Frage. Der Zweck der genauen Identifizierung des sich Anbietenden kann hier nur der sein, sich dem Verpächter gegenüber von keinem Unrechtmäßigen bei dem Angebot verdrängen zu lassen, sich als tatsächlichen Absender des Angebots auch jederzeit persönlich ausweisen zu können, dem Verpächter die Möglichkeit einer Unterscheidung evtl. homonymer Reflektanten zu bieten. Hierfür genügt es vollkommen, wenn der Absender des Handscheins sich selbst sein Signalement gibt. Aber wahrscheinlicher ist es, daß er das ihm von der Behörde beim letzten Zensus gegebene Signalement, das er ja, wie die Eingaben an Behörden zeigen, jederzeit gegenwärtig hat, auch hier benutzt. Es ist klar, daß beide Möglichkeiten für die Signalementsaufnahme eines jeden Handscheines in Frage kommen.

Ich führe weiter Urkunden an, bei denen ich sonst noch außer den behandelten Gruppen eine Signalisierung der Personen konstatiert habe. Bei den meisten sind beide Parteien signalisiert: Verzichtleistung auf Besitzrechte [3]), Sklavenfreilassung [4]), Zession von Katoikenland [5]), Landabtretung [6]), Besitzwechsel [7]), Schenkung [8]), Pfandverschreibung [9]), Dienstverträge [10]),

---

[1]) z. B. BGU I 237. IV 1018; CPR 31; Teb. 376; Soc Ital. 31.

[2]) Frühestes Beispiel: BGU III 918 (111 n. Chr.); spätestes: CPR 38 (263 n. Chr.).

[3]) Teb. 380 (67 n. Chr.). Ryl. II 179 (127 n. Chr.).

[4]) Oxy. IV 722 (91 n. Chr.).

[5]) Ryl. II 159 (31 n. Chr.).

[6]) Cairo Goodsp. 6, Kol. II (129 v. Chr.). Grenf. I 27 (133 n. Chr.). Preisigke, Sammelbuch 4414 (143 n. Chr.).

[7]) CPR 206 (2. Jahrh. v. Chr.); 175 (?).

[8]) Ryl. II 155 (2. Jahrh. v. Chr.).

[9]) Lond. III 1168, p. 135 (44 n. Chr.).

[10]) Lond. III 1166, p. 104 (42 n. Chr.); Fay. 91 (99 n. Chr.); Mey. 11 (102 n. Chr.); Teb. 385 (117 n. Chr.).

Vollmachtserteilung [1]), Amtsabtretung [2]), Indemnitätserklärung[3]). Einseitig ist das Signalement bei den folgenden: Schenkung (nur der Schenkende ist signalisiert) [4]), Adoption (nur der Vertreter des Waisen, nicht der Adoptierende) [5]), Genossenschaftsvertrag (von 20 Genossenschaftsmitgliedern ist ein einziger, innerhalb einer Gruppe von 4 selbst Unterschreibenden, signalisiert) [6]), Landabtretung (nur der Abtretende ist signalisiert) [7]), endlich der libellus libellatici BGU I 287 (250 n. Chr.) (der das Gesuch um Unterzeichnung Einreichende). Nicht zu entscheiden, ob einseitiges Signalement oder dasjenige beider Partner vorliegt, ist bei Fay. 94, 7 (Verzichtleistung einer Waisen auf Vormundschaft), Lips. 54 (Gestellungsbürgschaft) und Oxy. IX 1205 (Sklavenfreilassung).

Wie bei den Eingaben die Bedeutung, welche den Personalbeschreibungen innewohnt, daraus zu entnehmen ist, daß, wie wir sahen, die Behörde sie mit den Einträgen in den Zensuslisten vergleicht und sie gegebenenfalls von sich aus weiterverwendet, so der Wert der Signalements in Notariatsverträgen aus der Tatsache, daß vielfach Signalements auch in die Vertragsmelderollen aufgenommen werden, wie dies Cairo Preis. 31 (139 n. Chr.) beweist. Denn die Vertragsmelderolle, welche die Auszüge der vor dem Notariat abgeschlossenen Verträge enthält, wird vom Notariat angefertigt, um die Verträge aus dem Notariat in das Besitzamt hinüberzumelden [8]). Um eine auszugsweise Abschrift, welche die βιβλιοθήκη ἐγκτήσεων einer der Parteien ausgefertigt hat, nicht um den Text einer Sechszeugenurkunde selbst, scheint es sich in BGU III 989 = Mitteis, Chrest. 136 vom Jahre 226 n. Chr. aus Herakleopolis Magna zu handeln [9]). Es ist die ὑπογραφή zu dieser Urkunde; ihr geht voraus

[1]) Lond. II 306, p. 118 (145 n. Chr.).
[2]) Teb. 393 (150 n. Chr.).
[3]) Teb. 392 (134 n. Chr.).
[4]) BGU III 993 (127 v. Chr.).
[5]) Lips. 28 (381 n. Chr.).
[6]) Genf. 42 (224 n. Chr.).
[7]) Grenf. II 33.
[8]) Preisigke, Girowesen S. 428; vgl. Mitteis, Grundzüge S. 64.
[9]) Mitteis, Chrest. 136, Einl.

folgender Vermerk der Behörde, der also an der Spitze der uns erhaltenen Urkunde steht: Χοίακ κδ, ἐν Ἡρακλέους πόλει τῇ ὑπὲρ Μέμφιν, ἐξαμάρτυρον. Αὐρήλιος Ἄμμων ὡς (ἐτῶν) λ οὐλὴ γόνατι δεξι[ῷ]. (2. Hand) Αὐρήλιος Δημήτριος ἐπιτηρητὴς συναλλ(αγμάτων) σεσ[η(μείωμαι). Es liegt ein Schuldschein vor. Aurelius Ammon ist der sich verpflichtende Partner, in diesem Fall der Schuldner. Er ist signalisiert; seinem Namen voran gehen: Datum, Ort und Bezeichnung des Inhalts der Urkunde (ἐξαμάρτυρον, sc. δάνειον Z. 21). Die von der 2. Hand geschriebene Originalunterschrift des ἐπιτηρ. συναλλ. bestätigte vermutlich die Richtigkeit der Kopie. Das Signalement kann das Besitzamt, da es in der Hypographe nicht erscheint, nur aus dem uns fehlenden Text des Sechszeugenvertrags selbst zusammen mit den anderen drei Stichworten herübergenommen haben.

Der Mannigfaltigkeit des Inhalts nach gehört die Mehrzahl der angeführten mit Signalement versehenen Urkunden in die römische Zeit, während das Signalement in ptolemäischer Zeit, soweit ich sehe, beschränkt ist auf: Kauf-, Darlehens-, Teilungs-, Schenkungs-, Besitzübertragungs-, Landabtretungs-Verträge und Testamente. Doch ist zu bedenken, daß uns aus der römischen Zeit ein ungleich reicheres Urkundenmaterial zur Verfügung steht als vorher, und daß daher auch hier statistische Vergleiche nur mit Vorsicht angestellt werden können. Im 4. und 5. Jahrhundert wird das Vorkommen des Signalements immer seltener, während es in der spätbyzantinischen Zeit von den Urkunden überhaupt verschwindet [1]).

Im Hinblick auf ihren notariellen oder nichtnotariellen Charakter ergeben die beigebrachten Vertragsurkunden, daß die ptolemäische Zeit ausschließlich Notariatsverträge mit Signalementbeschreibung kennt; denn als Notariatsurkunden und nicht als Syngraphophylaxurkunden wird man auch jene ältesten „Soldatentestamente" Petr. III 1 ff. und Hal. 11 anzusehen haben [2]). Erst im zweiten Jahrhundert n. Chr. ist Signalementsanwendung erstmalig auch auf Handscheinen nachweisbar, und zwar ist die

---

[1]) Ganz vereinzelt begegnet es im 7. Jahrh. auf Sammelbuch 4668.
[2]) Vgl. Kommentar zu Pap. Hal., S. 213.

Zahl der signalisierten Handscheine seit dieser Zeit keine geringe[1]), wie gegenüber Gradenwitz (Einführung S. 129) und P. M. Meyer (Pap. Hamb. S. 158) hervorzuheben ist, die das Vorkommen des Signalements auf Handscheinen überhaupt bestreiten. Aber bei den συγχωρήσεις fehlt das Signalement durchaus. Ebenso ist kein Fall einer συγγραφοφύλαξ-Urkunde mit Signalement nachweisbar. Von Sechszeugenurkunden kenne ich, abgesehen von Testamenten, nur BGU III 989 aus dem Jahre 226 (Herakleopolis Magna) mit Signalement. Übrigens sind auch die ἐν ἀγυιᾷ errichteten[2]) Testamente aus Oxyrhynchos, Oxy. I 105, III 489—492, 494 signalisiert.

Eine Beschränkung des Vorkommens der Signalements auf gewisse Orte und Gaue Ägyptens ist, wie schon betont, nirgends nachzuweisen. Sie sind so gut wie überall zur Anwendung gekommen. Der Zufall, den unsere Überlieferung bedingt, erlaubt nicht, lediglich auf Grund des mehr oder weniger häufigen Vorkommens in diesem und jenem Orte Schlüsse auf mehr oder weniger intensive Anwendung der Personalbeschreibungen hier und dort zu ziehen. Dasselbe gilt von einem Vergleich der einzelnen Jahrhunderte untereinander. Aus dem 1. und 2. nachchristlichen Jahrhundert besitzen wir die meisten signalisierten Urkunden. Auch hier sind Schlüsse nicht erlaubt; sie würden nur ein falsches Bild geben. Aber eines ist zu erkennen und verdient betont zu werden: in der Masse aller auf unsere Zeit gekommenen Urkunden ist überwiegend die Zahl derjenigen, welche ein Signalement nicht führt. Das ergibt schon ein oberflächlicher Überschlag; für Eheverträge ist das Verhältnis von nichtsignalisierten zu signalisierten Verträgen beispielsweise rund 80 : 10. Daraus wird man entnehmen dürfen, daß der Gebrauch des Signalements im ägyptischen Verkehrsleben kein obligatorischer schlechthin war, sondern obligatorisch höchstens gewesen sein kann in diesem und jenem Lokale zu der einen oder anderen Zeit; das gilt auch für die Eingaben an die Behörde. Bei den Verträgen wird Anwendung oder Nichtanwendung des Sig-

---

[1]) Vgl. oben S. 14. 16. 18.

[2]) Mitteis, Grundzüge S. 61, Anm. 4.

nalements von dem bloßen Dafürhalten des Notars oder der Partner abhängig gewesen sein.

Fürst (a. a. O. 397 ff.) hält Ägypten für die Heimat der Porträtmanier. Diese soll den Hellenen ursprünglich völlig fremd und unbekannt gewesen sein. Das kunstreiche Volk der Ägypter, das Mumienporträts mit Porträtähnlichkeit schuf, habe auch diese literarischen Porträts erfunden. Die in den Signalements begegnenden Narben und sonstigen Abnormitäten der beschriebenen Personen werden von Fürst mit den entsprechenden lebenswahren Charakteristika der Mumienporträts in Zusammenhang gebracht. Die Signalements der Papyri sollen gar, wie die Mumien, „ein dokumentarisches Äquivalent gegen die zerstörende und vergessenmachende Gewalt des Todes, die eine religiöser, die andere juristischer Art" sein, weshalb die letztere ursprünglich nur in Testamentsurkunden zur Verwendung gekommen sei (S. 399). Es gäbe im 3. Jahrhundert v. Chr. nur Testamente mit Signalements; den ältesten Urkunden hätten niemals die Porträts gefehlt (S. 403). In die Verträge dagegen sei das Signalement erst ein Jahrhundert später eingedrungen, worin man einen Abfall von der ursprünglichen Bestimmung und eine per analogiam erfolgte Ausdehnung des anfänglichen Gebrauchs zu erblicken habe. Auch hier vermag ich Fürst nirgends zuzustimmen. Schon seine Methodik hat ihn zu falschen Schlüssen verleitet. Ausgehend von der Porträtmanier des untergehenden Altertums findet er bei der Durchmusterung unserer Überlieferung deren frühestes Vorkommen in den Papyri und schließt daraus auf ihren ägyptischen Ursprung. Aber es ist nur ein Zufall, daß die Fülle der Urkunden antiken Verkehrs- und Rechtslebens gerade in Ägypten bis auf unsere Tage erhalten geblieben ist. Zudem ergibt sich, daß gerade in den demotischen Kontrakten die einzelnen Termini der Personalbeschreibungen nichts als Übersetzungen aus dem Griechischen zu sein scheinen [1]). Es ist der gleiche Fehler, wenn Fürst auf Grund der ihm zu seiner Zeit bekannten Urkunden und ihrer Verteilung auf die einzelnen Jahrhunderte eine Statistik als Stütze seiner Schlüsse zu Hilfe

[1]) Spiegelberg, Recueil de travaux relatifs à la philol. égypt. XXV (1903), S. 10 ff.

nimmt. Wie irrig seine Ergebnisse geworden sind, zeigen die neuen Funde. Daß wir aus dem 3. Jahrhundert v. Chr. fast nur Testamente mit Signalements besitzen, ist nichts als Zufall. Zudem ist in Pap. Preis. 37 ein signalisierter Kaufvertrag aus dem 3. Jahrhundert v. Chr. erhalten. Daß gerade auch die ältesten Urkunden keine Signalements haben, beweisen die Elephantine-Verträge.

Seiner ganzen Art nach hat man das Signalement in der Anwendung, wie es uns in Ägypten entgegentritt, keineswegs als etwas spezifisch ägyptisches anzusehen. Es muß vielmehr ein dem gesamten antiken Verkehrsleben eigenes und bekanntes Mittel zur Identifizierung der Person gewesen sein, zu der die dieser Zeit eigene Homonymität der Bevölkerung und die mit modernen Verhältnissen nicht vergleichbare Schwierigkeit der Identifizierung des einzelnen zwang. Daran ist schon deswegen gar nicht zu zweifeln, weil es eben das einzige und zudem einfachste Mittel war, diesen Schwierigkeiten zu entgehen oder doch vorzubeugen. Die Frage, wo das Signalement in der Anwendung, wie wir es betrachtet haben, erfunden wurde, ist müßig: das sich aus den primitiven Anfängen entwickelnde Verkehrsleben muß es ganz von selbst hervorgebracht haben; schon im 4. vorchristlichen Jahrhundert können wir seine Verwendung im Bankverkehr in Athen vermuten[1]).

Wir wenden uns nunmehr zur Form des Signalements selbst. Vorweg ist zu bemerken, daß das Signalement in den Verträgen durchweg an der Stelle begegnet, wo die Person, auf welche es sich bezieht, erstmalig genannt ist. Es ist eine Ausnahme, wenn in Lond. III 842 p. 141 dem Wortlaut des (Pacht-) Vertrages selbst die Namen der (sieben) Partner mit den Signalements in summarischer Anordnung vorangestellt und am Anfang des Textes dann auf die προγεγραμμένοι verwiesen wird oder, wie in Oxy. III 504, Fay. 39, Mey. 4, Ryl. II 156, gleich-

[1]) S. oben S. 17.

falls summarisch nachgestellt werden. Nur bei den Eingaben an die Behörde steht das Signalement regelmäßig am Schluß der Urkunde.

Schon eine flüchtige Beobachtung läßt zwei verschiedene Arten von Signalements erkennen, ein ausführlicheres und ein kürzeres. Das erstere gibt eine genaue Beschreibung der der betreffenden Person eigenen körperlichen Erscheinung, außerdem die Altersziffer und meist die οὐλή, das Körpermal; das letztere nur Altersziffer und οὐλή. Zwei typische Beispiele beider Formen mögen hier folgen:

Leid. N, Z. 12 ὡς (ἐτῶν) μ, μέσος, μελίχρως, τετανὸς, μακροπρόσωπος, εὐθύριν, ο[ὐ]λὴ μετώπῳ μέσῳ.

Oxy. III 492, Z. 15 (ἐτῶν) ογ, οὐλὴ καρπῷ δεξιῷ.

Eine Zusammenstellung aller Signalements ergibt, daß die ausführlichere Form die ausschließlich herrschende in den drei vorchristlichen Jahrhunderten ist. Ich möchte sie daher als ptolemäisches Signalement bezeichnen. Für die οὐλή-Form ist das früheste mir bekannte Beispiel Grenf. II 40 aus dem Jahre 9 n. Chr.; man wird sie als römisches Signalement bezeichnen dürfen, das einer römischen administrativen Verordnung seine Entstehung verdankte und — im Sinne einer Vereinfachung des umständlicheren Verfahrens — eine Reduzierung des Inhaltes der Personalbeschreibung auf seine beiden entscheidenden Bestandteile, ἔτος und οὐλή bedeutet [1]). Schon im 1. Jahrhundert n. Chr. ist der οὐλή-Typus durchaus überwiegend; aber das ptolemäische Signalement bleibt daneben weiter bestehen, und zwar zunächst noch in seiner vollen, unveränderten Form. Die bekannten Beispiele dafür beschränken sich auf Oxyrhynchos [2]),

---

[1]) Fürst hat auch diese Dinge nicht klar erfaßt. Aus dem ihm zur Verfügung stehenden Material schloß er, daß das „Vollporträt" vom 2. Jahrh. v. Chr. an abnähme, um dann allmählich dem οὐλή-Typus Platz zu machen. Er erklärt diese Wandlung mit dem Einfluß der Griechen (gegenüber den Ägyptern), „deren überlegener Geschmack diese blutlosen Schemen (d. h. des ptolemäischen Signalements) perhorreszierte" (S. 401), und nimmt eine administrative Verordnung unter griechischem Einfluß an (S. 403).

[2]) Die Steuerdeklarationen Oxy. II 254 (20 n. Chr.), 256 (6—35 n. Chr.), 255 (48 n. Chr.), I 73 (94 n. Chr.) und Notariatsverträge Ryl. II 156, Z. 33; 159, Z. 46. Oxy. I 77,2; 99, 3.

Ptolemais Euergetis [1]) und Hermupolis [2]). In einer verkümmerten Form, die sich dem οὐλή-Typus bereits nähert, tritt das ptolemäische Signalement im 1. Jahrhundert in den folgenden Urkunden entgegen: BGU III 911, Z. 8 (Soknopaiu Nesos; Darlehen; Notariatsvertrag) ὡς (ἐτῶν) λε ὑπόσκνιφος οὐλὴ ἀντικνημίῳ ἀριστερῷ; BGU I 252, Z. 3 (Fayum; Ehekontrakt; Handschein) ὡς (ἐτῶν) μ εὐμεγέθης οὐλὴ δ[α]κτύλωι [... χ]ειρὸς ἀριστερᾶς [3]); CPR 1, 2 u. 4 (Fayum; Zession; Notariatsvertrag) ὡς ἐτῶν τριάκοντα [μ]έσου μ[ελίχρω οὐλῆι μ]ήλωι δεξιῶι; Oxy. II 251, Z. 38 (Eingabe) ὡς (ἐτῶν) νη μέσ(η) ἄση(μος). Aber die römische Form hat in Oxyrhynchos bereits die Steuerdeklaration Oxy. I 72 (90 n. Chr.), in Soknopaiu Nesos die Steuerdeklaration Grenf. II 40 (9 n. Chr.), in Philadelphia im Fayum die Steuerdeklaration Sammelbuch 5661 (34 n. Chr.), so daß nicht, wie man aus den Deklarationen mit dem ptolemäischen Signalement aus Oxyrhynchos vom 1. Jahrhundert (oben S. 24, Anm. 2) schließen könnte, das letztere etwa in Verbindung mit Deklarationen noch fortbestanden hätte. Vielmehr sind beide Formen anfangs unvermittelt nebeneinander hergegangen. Im 2. Jahrhundert n. Chr. ist die Zahl der Urkunden mit dem ptolemäischen Signalement im Verhältnis zu dem römischen weit geringer als im 1. Jahrhundert. Das ptolemäische Signalement stirbt allmählich ab. Von seiner vollen Form besitzen wir aus diesem Jahrhundert nur drei Beispiele, alle aus Hermupolis [4]), von jener „verkümmerten" Form kenne ich aus dieser Zeit gleichfalls nur drei Fälle [5]). Im 3. Jahrhundert ist das ptolemäische Signalement in seiner vollen Form gänz-

---

[1]) Lond. II 141, p. 181 (Notariatsvertrag).

[2]) Lond III 1166, p 104; 1168, p. 135. Außerdem noch aus dem Fayum: BGU I 177, 3 und unbekannter Provenienz Ryl. II 178, Z. 20. Es sind alles Notariatsverträge.

[3]) Die übrigen im gleichen Vertrage erscheinenden Personen (Ehefrau, Kyrios, zwei Zeugen) sind bereits mit dem οὐλή-Typus signalisiert.

[4]) Flor. 81, 4. Amh. 95, 2. Ryl. II 153, Z. 46.

[5]) Par. 17, 4 = Bruns Fontes p. 364 (Elephantine) ὡ(ς) (?) (ἐτῶν) κγ μέσος λευκόχ(ρους) οὐλὴ ...; Hamb. 7, 12 (Berenike Trogod.) μ[έ]σο(ς) μελίχ(ρως) οὐ(λὴ) ἀντίχ(ειρι) ἀρ(ιστερῷ) (ἐτῶν) οα; Archiv IV 142 (I) 15 (Fayum) ὡς (ἐτῶν) με ἐπιχάροψ ο(ὐλὴ) ἀντικ(νημίῳ) δεξι(ῷ).

lich verschwunden [1]). Als seine letzten Reste kann man die Tatsache bezeichnen, daß in vereinzelten Fällen dieser Zeit an Stelle der οὐλή: eines, aber nur ein einziges der ptolemäischen Charakterisierungsadjektiva erscheint, wie Sammelbuch 5274, 4 ὡς (ἐτῶν) ξβ μελίχρους; CPR 64, 9 ὡς (ἐτῶν) λη λευκοχρόη [2]). Das 4. und 5. Jahrhundert kennt nur den οὐλή-Typus.

Innerhalb des Signalements steht stets am Anfang die Altersziffer, im charakteristischen Gegensatz zur modernen Zeit an Stelle des Geburtsdatums. Es ist ganz singulär, wenn die Altersziffer am Schluß des Signalements, wie in Petr. III 4 (2) 20, 25 und Hamb. 7, 12, 15, beide Male an je zwei Stellen erscheint; innerhalb einer und derselben Urkunde ist das Signalement stets nach einem festen Schema gebildet. Die Angabe des Alters bietet der Identifizierung die zunächstliegendste und leichteste Handhabe. Unter Umständen genügt sie allein zur Signalisierung, wie in CPR 176, Z. 7, 8 (255 n. Chr.).

Es finden sich in den Verträgen Ziffern, die möglichste Genauigkeit erstreben, wie Oxy. III 491, 20 εἰμὶ ἐτῶν τριάκοντα ἐννέα, Amh. 112, 7 ὡς (ἐτῶν) μα, Straßb. 13, 8 ὡς (ἐτῶν) νβ. Trotzdem kann, worauf auch Deißmann [3]) hinweist, selbst in Anbetracht der obligatorischen Geburtsanzeigen für Knaben, der ἐπίκρισις-Eingaben und des 14jährigen Zensus, das genaue Geburtsdatum [4]) Vielen beim Erscheinen vorm Notar unmöglich gegenwärtig gewesen sein. Das ist der Grund für die vielen runden Altersziffern der Urkunden. Wie wenig den Altersziffern der selbst vor dem Notar abgeschlossenen Kontrakte unter Umständen zu trauen ist, ist in einigen Fällen, wo eine Kontrolle möglich ist, noch nachzuweisen. Von einer Anzahl Personen, die einer und derselben Familie, deren Stammbaum

---

[1]) Die „verkümmerte" Form erscheint noch Oxy. IX 1209, 15 und CPR 95, 6.

[2]) Weitere Beispiele sind CPR Z. 8. 8, 8. 59, 6.

[3]) Bei P. M. Meyer, Griech. Texte aus Ägypten, S. 26, Anm. 48.

[4]) In den Steuerdeklarationen gilt die Altersangabe bekanntlich stets für das Datum der Eingabe, nicht für das verflossene Jahr, für das die Deklaration gemacht wird, und zwar werden die angefangenen Jahre mitgezählt. Vgl. Dig. 50, 15, 3 aetas autem spectatur censendi tempore. Wilcken, Ostr. I 448. P. M. Meyer, Jurist. Papyri S. 5, 8.

noch herzustellen ist[1]), angehören, besitzen wir Altersangaben aus verschiedenen Jahren und auf verschiedenen Urkunden. Ich greife einige charakteristische Beispiele heraus. Ein gewisser Petearsemtheus, Sohn des Panobchunis, wird in Lond. III 1207, p. 16 und Lips. 2, beide vom Jahre 99 v. Chr., als 40jährig angegeben, in Grenf. II 32 vom Jahre 101 v. Chr. aber als 45jährig, d. h. mit einer Differenz von nicht weniger als sieben Jahren. Derselbe Mann heißt Lips. 1 vom Jahre 104 30jährig, was Grenf. II 32 gegenüber eine Differenz von nicht weniger als 12 Jahren bedeutet, in Grenf. II 23a vom Jahre 107 v. Chr. 36jährig, mit einer Differenz gegenüber der letzterwähnten Angabe von drei Jahren, d. h. es ergeben sich als Geburtsjahre die Jahre 134, 139, 143, 146. Ein gewisser Panobchunis, Vater des Vorigen, heißt Lond. III 879 vom Jahre 123 v. Chr. 40jährig, Straßb. 81 vom Jahre 115 v. Chr. 55jährig, Straßb. 87 vom Jahre 107 v. Chr. 60jährig, was als Geburtsjahre 163, 170, 167 v. Chr. ergibt. Dagegen zeigt sich Zuverlässigkeit bei den Angaben eines Kobaetesis, der Lond. III 879 p. 5 vom Jahre 123 sich 30jährig und Lond. III 1204 vom Jahre 113 40jährig nennt. Übrigens wird vielfach in den Urkunden ausdrücklich betont, daß die Altersziffer nur schätzungsweise gegeben ist, so Lips. 28, 10 ὡς ἐ(τῶν) ι πλείω ἔλαττον[2]), Archiv III 418, 27, 38, 136 ὡς ἐτῶν δώδεκα πλέω ἔλαττον, BGU I 316, 14 ὡς ἐτῶν δέκα τεσσάρων μικ[ρό]πλεον.

Zweifellos den interessantesten Bestandteil des ägyptischen Signalements bilden die der ptolemäischen Zeit eigenen Adjektiva zur Charakterisierung der äußeren Erscheinung der Person, die uns noch heute die Bewohner des Niltals in einer Lebendigkeit und Lebenswahrheit vor Augen führen, die ihresgleichen nicht hat.

Fast regelmäßig folgt der Altersziffer zunächst die Angabe der Statur, und dieser die der Hautfarbe. Die dann folgenden Charakteristika besitzen nur innerhalb einer und derselben Urkunde eine schematische Reihenfolge. Drei Beispiele mögen das

---

[1]) Grenfell-Hunt zu Pap. Grenf. II 26. Gerhard, Philologus 63, 568 bis 571. Preisigke, Straßb. Pap. S. 229.

[2]) Zur Lesung vgl. Wilcken, Archiv III, S. 559.

verdeutlichen: Leid. M, Z. 5 ὡς (ἐτῶν) ξ μέσος, μελίχρως, τετανός, μακροπρ(όσωπος), εὐθύ(ρριν), ὦτα μεγάλα καὶ ἀφεστηκ[ό]τα, ἀσ[θενῶν] τοῖς ὄμμασιν; Lond. I 3, p. 44, Z. 5 εὐμεγέθης, μελάγχρως, κοιλ[ό]φθαλμος, ἀναφάλαν[τος]; BGU III 998, Z. 4 ὡς (ἐτῶν) νε μέσος, μελίχρω(ς), τετανός, ἀναφάλακρος, μακροπρόσω(πος), εὐθύριν, οὐλὴ μήλῳ [ἀρισ]τερῷ, ἐπισ[κάζω]ν τὸν πόδα δεξιόν. Ich gebe im folgenden ein Verzeichnis der mir bekannten Termini — voll und ganz wird sie nur ein Archäologe im Verein mit einem Mediziner interpretieren können — mit ihrer Bedeutung. Ein Unterschied in der Verwendung der Ausdrücke für männliche und weibliche Personen ist nirgends festzustellen.

Statur.

μέσος „von mittlerer Statur", die am häufigsten begegnende Bezeichnung aller Termini überhaupt; daneben auch: μεγέθει μέσος (Petr. III 1 ff., z. B. 2, 6; 4 (2) 29; 10, 17; Paris 10, 5).

ἐλάσσων „von kleinerer Statur", Lond. III 879, p. 5 (123 v. Chr.), 1204, p. 10 (113 v. Chr.), 880, p. 8 (113 v. Chr.), Lips 1, 9 (104 v. Chr.), Lond. III 678, p. 18 (99 v. Chr.).

ἐλάσσων ἢ μέσος „von kleinerer bis mittlerer Statur", Grenf. II 23a (107 v. Chr.), II 28, 4 (103 v. Chr.), Lond. III 1206, p. 15 (99 v. Chr.), Grenf. II 35, 4 (98 v. Chr.).

βραχύς „von kleiner Statur", Petr. III 2, 4; 5 (a) 9; 4 (2) 10; 11, 7 (238/5 v. Chr.); daneben: μεγέθει βραχύς (Paris 10, 5 [145 v. Chr.]) — βραχεία: Petr. III 10, 8 (236 v. Chr.).

εὐμεγέθης „von stattlicher Größe", zahllose Beispiele: Petr. III 1 (2) 12 (238 v. Chr.), BGU I 252 (98 n. Chr.).

σχιζίας „lang und schmächtig", „wie ein Span (σχίζα) gestreckt", vgl. Cratin. b. Phot. lex. s. v. σχιζίας· ὁ τετανὸς καὶ ἰσχνός („schlank und mager") und Dicaearch. b. Clem. Alex. protr. p. 26, 30: Petr. III 14, 7.

τετανός „schlank" (eigentl. „gestreckt"), zahllose Beispiele, Hal. 11 (238 v. Chr.), Amh. 51, 23 (88 v. Chr.).

κλαστός, Teb. 32, 23 (145 (?) v. Chr.), Archiv I 63, 25—27. 30 (123 v. Chr.), Leid. N (106 v. Chr.), Lond. III 1209, p. 20 (89 v. Chr.);

ὑπόκλαστος, häufiger vorkommend als κλαστός, z. B. Grenf. II 15, 12 (139 v. Chr.), Lips. 2, 4, 5.

Die Bedeutung beider Ausdrücke ist bisher schwankend. κλαστός wird von Grenfell und Hunt (zu Teb. 32, 23) mit „curly-haired" wiedergegeben, desgl. von Kenyon und Bell zu Lond. III 1209, p. 20. Herwerden (Lex. s. v.) denkt an ein Bruchleiden. Beides ist unhaltbar. Wenn κλαστός = κλαστόθριξ wäre, so müßte τετανός = τετανόθριξ sein, was unmöglich ist. Auf ein Bruchleiden kann es wegen des Platzes, den der Terminus innerhalb des Signalements einnimmt, nicht gehen; es müßte in diesem Falle am Ende, an der Stelle der οὐλή stehen. Aus demselben Grunde kann auch ὑπόκλαστος nicht = „knock-kneed" sein, wie es Kenyon zu Lond. II 219, Z. 3 übersetzt. κλαστός und ὑπόκλαστος stehen im Signalement ausnahmslos an dritter Stelle, d. h. nach der Angabe der Statur (erste Stelle) und Hautfarbe (zweite Stelle). An eben dieser Stelle steht aber auch ohne Ausnahme τετανός (s. oben). Folglich müssen beide[1]) Termini etwas dem τετανός entsprechendes sein. Sie können nur das Gegenteil bezeichnen, also: „untersetzt", „korpulent", „dick"[2]). Dazu paßt es, daß es in den Signalements dafür sonst keinen Ausdruck gibt und daß das überaus häufige τετανός einen gegensätzlichen Terminus verlangt.

τετραγωνίας „vierschrötig", vgl. Hesych. s. v. τετρανθίας· τετράγωνος καὶ ἰσχυρός: Petr. III 12, 21; 17 (b) 7 (236 v. Chr.).

πλατὺς ἀπὸ τῶν ὤμων „breitschulterig", Paris 10, 19 (145 v. Chr.).

---

[1]) Man vergleiche: σκνιφός = ὑπόσκνιφος,[1] στραβός = ὑπόστραβος (s. unten).

[2]) Mit „untersetzt" gibt es richtig auch P. M. Meyer, Jurist. Papyri S. 120 wieder.

Hautfarbe.

μελίχρως „honigfarbig", d. h. gelbbraun, die typische Hautfarbe der Ägypter. Zahllose Beispiele: Petr. III 4 (2) 20 (238 v. Chr.), Oxy. IX 1209, 15 (251 n. Chr.).

μελάγχρως „von dunkler Hautfarbe", Petr. III 1 (II) (238 v. Chr.), Hamb. 2, 25 (59 n. Chr.).

λευκόχρως „von weißer, heller Hautfarbe", vgl. Ps.-Arist. Physiogn. p. 36, 13. 38, 8 (Förster): Petr. III 4 (2) 5 (238 v. Chr.), Oxy. XII 1463, 10 (215 n. Chr.).

ἐπίπυρρος „von rötlicher Hautfarbe", vgl. Ps.-Arist. Physiogn. p. 30, 17 ἐπίπυρρος τὸ σῶμα; Lond. III 1207 p. 16 (99 v. Chr.).

ὑπόπυρρος desgl., vgl. Aristot. hist. anim. 9, 14; Grenf. I 33, Z. 10, 11 (103 v. Chr.).

πυρρακής desgl., Petr. III 6 (a) 9, 46 (238 v. Chr.).

ἐρυθρίας desgl., vgl. Aristot. Categ. 8 (p. 9 b, 31): Petr. III 1 (II) 20 (238 v. Chr.); 13 (a) 26; 17 (b) 7 (236 v. Chr.).

Gesicht.

μακροπρόσωπος „mit länglichem, schmalem Gesicht", zahllose Beispiele: Grenf. I 10, 12 (174 v. Chr.), Ryl. II 153 (138 n. Chr.).

στρογγυλοπρόσωπος „mit rundem, ovalem Gesicht", Petr. III 2, 9 ff. (238 v. Chr.), Oxy. II 256, 9, 11 (6 n. Chr.).

πλατυπρόσωπος „mit breitem Gesicht", Grenf. I 44 (II) 4 (126 v. Chr.), Grenf. I, 27, 8 (113 v. Chr.).

κοιλογένειος „mit einem Grübchen am Kinn", Petr. III 13 (a) 26 (138 v. Chr.), Grenf. I 34, 4.

μῆλα μεγάλα „mit übermäßig großen Wangen", „mit Hängebacken", Petr. III 6 (a) 46 (238 v. Chr.); μῆλα μείζω Petr. III 1 (III) 15.

σύνοφρυς „mit zusammengewachsenen Augbrauen", vgl. Theocr. 8, 72 σύνοφρυς κόρα und Ps.-Arist. Physiogn. 80, 1; Petr. III 10, 9 (236 v. Chr.), I 16 (1) 4; πρόσωπος σύνοφρυς Petr. I 19, 34.

Nase.

ἔνσιμος „stumpfnasig", Petr. III 11, 1 (236 v. Chr.), Leid. N Z. 7 (106 v. Chr.), Lond. III 882, p. 13 (110 v. Chr.).

ὑπόσιμος desgl., BGU I 316, 14 (359 n. Chr.).

ὀξύρριν (ὀξύρρις, ὀξύρρινος) „mit feiner, scharfgeschnittener Nase", vgl. Hippocr. p. 1040 A; Petr. III 1 (II) 15 (238 v. Chr.), III 13 (a) 10 (236 v. Chr.), I 20 (1) 10 (225 v. Chr.); ὀξύριξ Sammelbuch 4668 (VII. Jahrh. n. Chr.).

παχύρριν „mit dicker Nase", Petr. I 19, 11 (= III 19).

εὐθύριν[1]) „mit gerader Nase", zahllose Beispiele, Cairo Goodsp. 6 II 4 (129 v. Chr.), Lips. 4, 12 = 5, 7 (293 n. Chr.).

κατάρριν „mit abwärtsgebogener Nase" (d. h. einer Nase, bei der die Spitze über die Oberlippe herunterhängt, mit Zurückbleiben der Nasenflügel), Petr. I 18, 7 (235 v. Chr.).

γρυπός;

ἐπίγρυπος; γρυπός ist Gegensatz zu ἔνσιμος, wie Xenoph. Cyrop. 8, 4, 21 erkennen läßt; ἐπίγρυπος steht auch an der bekannten Stelle am Anfang des Platonischen Euthyphron, wo (p. 2 B) Sokrates den Meletos beschreibt: ἔστι δὲ τῶν δήμων Πιτθεύς, εἴ τινα νῷ ἔχεις Πιτθέα Μέλητον οἷον τετανότριχα καὶ οὐ πάνυ εὐγένειον, ἐπίγρυπον δέ. Die Ps.-Aristotelische Physiognomik macht c. 61 (p. 66 Förster) einen Unterschied zwischen γρυπός und ἐπίγρυπος. Die betreffenden Worte, die auch hier dem Versuch dieser eigenartigen Schrift, die Abhängigkeit der menschlichen Physiognomie von der Seele (δοκεῖ δέ μοι ἡ ψυχή τε καὶ τὸ σῶμα συμπαθεῖν ἀλλήλοις c. 35) darzulegen, dienen sollen, lauten: οἱ δὲ τὴν ῥῖνα μακρὰν λεπτὴν ἔχοντες ὀρνιθώδεις· οἱ ἐπίγρυπον ἀπὸ τοῦ μετώπου εὐθὺς ἀγομένην ἀναιδεῖς· ἀναφέρεται ἐπὶ τοὺς κόρακας· οἱ δὲ γρυπὴν ἔχοντες καὶ (ἀπὸ?) τοῦ μετώπου διηρθρωμένην μεγαλόψυχοι· ἀναφέρεται ἐπὶ τοὺς ἀετούς. Danach ist γρυπός die Form der eigentlichen „Adler-(Habichts-) Nase", ἐπίγρυπος diejenige Form der Nase, die ihrem Profil die Ähnlichkeit mit dem Schnabel des

---

[1]) Daneben begegnet: εὐθύρριν (BGU III 993 (II) 11) und εὐθύρινος (BGU III 996 (III) 1; I 316, 14; CPR 87, 4; Lips. 2, 6; 5 II 7).

Raben gibt, der Rücken der Nase ist also nicht gebogen wie bei der Adlernase, sondern hat die Form einer geraden Linie. Übrigens ist die Klassifizierung der menschlichen Nasenformen, welche die Physiognomik in ihrer ἐκλογὴ τῶν σημείων (c. 44) gibt, namentlich im Vergleich mit den Termini der Papyri nicht uninteressant. Es werden hier unterschieden: οἱ τὴν ῥῖνα ἔχοντες: παχεῖαν, ὀξεῖαν, περιφερῆ, μακρᾶν, λεπτὴν, ἐπίγρυπον, γρυπήν, ἔγκοιλον, σιμὴν, ἀναπεπτομένον. In den Papyri: γρυπός: Petr. III 11, 4 (236 v. Chr.), ἐπίγρυπος (häufiger): Petr. III 4 (2) 13; 20 (238 v. Chr.) III 11, 16 (236 v. Chr.), Grenf. I 10, 9, 12 (174 v. Chr.).

Haupthaar.

ἀνάσιλλος „mit aufwärtsstehendem, struppigem Haupthaar", vgl. Hesych s. v. ἀνάσιλλος· τρίχωμα τὸ ἀπὸ τοῦ μετώπου ἐπὶ κορυφὴν ἀνεστραμμένον. Ps.-Arist. Physiogn. p. 50, 5: τρίχας ἐκκλινεῖς οἷον ἀνάσιλλον. Es sind die φριξαὶ τρίχες der Physiognomik p. 80, 7: Petr. I 16 (1) 4 (237 v. Chr.), Grenf. I 10, 12 (174 v. Chr.).

ἀναφάλακρος „mit kahlem Schädel", Petr. III 5 (a) (238 v. Chr.), Leid. N (106 v. Chr.), BGU III 1000 (98 v. Chr.), Sammelbuch 4668 (678 n. Chr.). φάλακρος: Sammelbuch 4637 (2. Jahrh. v. Chr.), ὑποφάλακρος: Grenf. II 20 (II) 12 (114 v. Chr.).

ἀναφάλαντος desgl., zahllose Beispiele: Petr. III 2, 9ff. (238 v. Chr.), Lips. 2, 4 (99 v. Chr.), Ryl. II 159, Z. 46 (31 n. Chr.).

τετανόθριξ „mit langem, glattem, schlichten Haar", vgl. Platon, Euthyphr. p. 2 B (s. oben S. 31), Petr. I 15, 1; 19, 31, 36; 20, 7. 13; III 2, 1 (238 v. Chr.).

κλαστόθριξ „mit struppigem Haar", Petr. III 7, 23 (238 v. Chr.), I 19, 7. 23.

Bart.

ἀγένειος „unbärtig", Paris 10,5 (145 v. Chr.). Vgl. εὐγένειος Plat. Euthyphr. p. 2 B (oben S. 31).

σπανοπώγων „mit dünnem Bart", Petr. I 16 (1) 6; III 10, 4; 13 (a) 12 (236 v. Chr.); Sammelbuch 4668 (7. Jahrh. n. Chr.).

κακοπώγων desgl., Petr. III 12, 17. Vgl. εὐπώγων Ps.-Arist. Physiogn. I 34, 15.

Augen.

γλαυκός „mit blaugrauen Augen", Petr. III 4 (2) 20 (238 v. Chr.).

χαροπός „helläugig", Petr. III 11, 4 (236 v. Chr.), III 6 (a) 45, I 19, 23. Paris 10, 19 (145 v. Chr.).

ἐπιχαροπός, Archiv IV 142 I 15 (140 v. Chr.) = χαροπός. Daß der Grieche γλαυκός und χαροπός unterscheidet, zeigt Physiogn. 76, 15 οἱ δὲ μὴ γλαυκοί, ἀλλὰ χαροποί (vgl. 26, 15 und 30, 2 ὄμμα χαροπόν) sowie Arist. hist. an. 1, 10 (p. 492 a, 3), an letzterer Stelle χαροπός mit Bezug auf die Farbe des sog. Schwarzen im Auge der Tiere. Gerade die eigenartige Farbe des Auges der katzenäugigen Tiere wird mit χαροπός bezeichnet, so schon bei Homer, Odyssee 11, 611, und in der Physiognomik 76, 15 (s. oben) vom Löwen, in der Physiognomik gleichzeitig auch vom Adler.

εὔσημος ὀφθαλμὸν δεξιὸν resp. ἀριστερόν, kommt, soweit ich sehe, nur in römischer Zeit vor, z. B. Amh. 74, 12 (147 n. Chr.), Flor. 383, 42 (233 n. Chr.).

εὐόφθαλμος, BGU I 316, 14 (359 n. Chr.).

κάκοψις, Lips. 1, 9 (104 v. Chr.), Grenf. II 28, 4 (103 v. Chr.). εὔσημος erscheint ausnahmslos in Verbindung mit nur einem einzigen Auge, was bei εὐόφθαλμος und κάκοψις nicht der Fall ist. εὔσημος wird bei Philostr. Ap. 33, 9 vom Feuer in der Bedeutung von „λαμπρός" gebraucht. Ein εὔσημος τὸν ὀφθαλμόν ist demnach einer mit einem durch seinen Glanz und sein Leuchten besonders hervortretenden Auge. Die Bezeichnung kommt innerhalb des Signalements stets an der Stelle, wo sonst die οὐλή steht, vor (auch Flor. 316, 8. Amh. 102, 7. CPR 218, 2). Man wird daher an die weißglänzenden Narben im Augkörper zu denken haben, wie sie nach Hornhautentzündungen — Ägypten ist von jeher das Land der Augenkrankheiten — auftreten. Ein εὐόφθαλμος kann aus dem Grunde nicht identisch mit einem εὔσημος sein, weil letzteres, wie betont, nur in Verbindung mit einem einzigen Auge begegnet. Xenoph. Conv. 5, 5 wird der Krebs bezeichnet als εὐοφθαλμότατον τῶν ζῴων. Das ergibt, daß εὐόφθαλμος dasselbe ist wie ἐξόφθαλμος (Plat. Theaet. 209 c, Xen. Hipp. 1, 9), „mit hervorstehenden Augen" (mediz.: Exophthalmus); es ist das sog. Glotzauge. Aus Plat. Theaet. l. l. erhellt, daß das Gegenteil von ἐξόφθαλμος:

κοιλόφθαλμος ist, Lond. I 3 p. 44 (146 v. Chr.), also besonders tiefliegende, kleine, unansehnliche Augen; und die gleiche Bedeutung muß auch κάκοψις, als Gegensatz zu εὐόφθαλμος, haben; denn Schwachsichtigkeit wird anders wiedergegeben, wie die folgenden Ausdrücke zeigen.

ἀδύνατος ὄμμασιν „schwachsichtig", „kurzsichtig", Lond. III 678 p. 18 (99 v. Chr.).

ἀσθενῶν τοῖς ὄμμασιν desgl., Leid. M (114 v. Chr.), Paris 5 (114 v. Chr.).

ὑπόσκνιφος „mit trübem, blödem Blick" = σκνιφός (σκνιπός); Petr. III 7, 26; 4 (2) 24 (238 v. Chr.); 13, 12 (236 v. Chr.); I 20 (1) 5 (225 v. Chr.), BGU III 911 (18 n. Chr.).

ὑπόστραβος „schielend" = στραβός; Grenf. I 33 (103 v. Chr.), Oxy. II 256, 9. 11 (6 n. Chr.), I 99, 3 (55 n. Chr.), Hamb. 15 (209 n. Chr.).

ὑποστραβαινίζων desgl. = στραβίζων, Petr. III 14, 11 (236 v. Chr.).

βεβλαμμένος τὸν ὀφθαλμὸν δεξιόν resp. ἀριστ., Lips. 2, 6 (99 v. Chr.), Straßb. 52, 2 (151 n. Chr.), Flor. 1, 3 (153 n. Chr.); β. ὀφθαλμοὺς ἀμφοτέρους Grenf. I 33, 13 (103 n. Chr.): „blind" kann es nicht gut sein, wie Flor. 382, 63 zu erkennen gibt: ὅτι δὲ καὶ ὑπὲρ τὸν ἀριθμ[ὸ]ν [τῶ]ν ἑβδομήκοντα ἐτῶν ἐγενόμην καὶ τοὺς ὀφθαλμοὺς ἐβλάβην, vgl. Hamb. 29, 24 ἐ]β[λ]άβης ὀφθαλμ[ούς]. Es wird die gleiche Bedeutung wie ἀδύνατος und ἀσθενῶν τοῖς ὄμμασιν vorliegen.

λεύκωμα ὀφθαλμῷ ἀριστ. resp. δεξ., „mit dem grauen Star am rechten oder linken Auge", Grenf. II 51, 9 (143 n. Chr.), Sammelbuch 4414, 6 (143 n. Chr.).

μελιλεύκωμα ὀφθαλμόν[1]), desgl. Grenf. I 33, 14 (103 v. Chr.).
λευκὸν ἐν ὀφθαλμῷ ἀριστ. resp. δεξ., desgl., Hamb. 38, 21 (182 n. Chr.), Teb. 397 (198 n. Chr.).

Außer den genannten finden sich in den Urkunden noch die folgenden Termini[2]):
προκέφαλος „mit vorstehendem Kopfe", Grenf. I 33, 8 (103 v. Chr.).
ἀριστεροπηρός „linksseitig gelähmt", Sammelbuch 4668, 7 (7. Jahrh. n. Chr.).
εὔκνημος „mit starken Waden", Paris 10, Z. 5 (145 v. Chr.).
κατάκνημος, kommt in der gleichen Urkunde (Paris 10, Z. 20) vor, kann also nicht dasselbe bedeuten[3]). Es kann nur das Gegenteil sein: „mit schwachen Waden".
σπογγωκέφαλος, Grenf. I 33, 8 (103 v. Chr.), Lond. I 113, p. 223 (6./7. Jahrh.), Sammelbuch 4668, 6 (7. Jahrh.). Die Bedeutung (ὁ σπόγγος der Schwamm) bleibt mir unklar. Auch das folgende vermag ich nicht zu definieren:
ὑποκιννος, Grenf. II 28, 4.
ἐπισχάζων τὸν πόδα δεξιόν, „auf dem rechten Fuße hinkend", BGU III 997, 5 (103 v. Chr.), 998, 5 (101 v. Chr.).
χωλός, Sammelbuch 428, 6 (99 v. Chr.).
κεκραμμένος δάκτυλον μικρὸν χειρὸς ἀριστ., Teb. 397 (198 n. Chr.).
ὦτα ἀφεστηκότα, Petr. III 8 (2) 3 (238 v. Chr.), Grenf. I 10, 9 (174 v. Chr.), Cairo Goodsp. 6, II, 4 (129 v. Chr.); ὦτα ἐφεστηκότα, Grenf. II 33, 1 (100 v. Chr.).
ὦτα μεγάλα καὶ ἀφεστηκότα, Leid. M, Paris 5 (114 v. Chr.).
ὦτα μείζω, Petr. I 20 (1) 13, III 4 (2) 13 (238 v. Chr.).
λοβοὶ ὠτῶν (Ohrläppchen) προσφυεῖς, Petr. III 13, 19 (236 v. Chr.), III 14, 7; 20 (1) 8 (225 v. Chr.).

---

[1]) λεύκωμα ὀφθαλμὸν δεξιόν wird auch BGU III 834, 12 statt λευκο(?) μονόφθαλμον δεξιόν zu lesen sein.

[2]) BGU I 316, 14 muß εὐθύ[ριν] ergänzt werden, nicht εὐθύ[τριχα].

[3]) Wie es P. . Meyer, Jurist. Papyri S. 166 annimmt, wenn er das eine „mit festen Waden", das andere „mit dicken Waden" übersetzt.

ῶς (δεξ. resp. ἀριστ.) τετρημένος, zahlreiche Fälle, z. B. Grenf. II 15, 14 (139 v. Chr.), Lond. III 882, p. 13 (101 v. Chr.); 883 p. 21 (88 v. Chr.).

Es bleibt noch die Betrachtung des letzten Bestandteils des ägyptischen Signalements, der οὐλαί, die in der römischen Zeit den Hauptbestandteil des Signalements überhaupt ausmachen. Wie ist es möglich, daß solche οὐλαί in der römischen Zeit in alleiniger Verbindung mit der Angabe der Altersziffer die Grundlage für ein Signalisierungsverfahren abgeben konnten, das für die Gesamtbevölkerung zur Anwendung gelangt? Was sind die οὐλαί? Zur Beantwortung dieser Frage ist es nötig, eine Statistik über das Auftreten der οὐλαί an den verschiedenen Körperteilen zu geben. Eine solche hat bereits Gradenwitz, Einführung S. 130, auf Grund der ihm bis dahin bekannten Urkunden des Berliner Museums gegeben, danach auch Wessely, Wochenschr. f. klass. Philol. 1900, S. 403, auf Grund der Rainer-Urkunden. Ich habe im Anschluß an diese beiden Statistiken eine neue Aufstellung auf Grund des uns vorliegenden Gesamtmaterials angefertigt, die ich hier, ohne im einzelnen überall Belege zu geben, folgen lasse.

A. Kopf. Kinn (γενείῳ) 7, Kinnbacken (σιαγόνι)[1] 1, Augbraue (ὀφρύι, supercilio) 64, Zwischen beiden Augbrauen (μεσοφρύῳ) 5, Auge (ὀφθαλμῷ) 11, Augenwinkel (κανθῷ)[2] 4, Schläfe (κροτάφῳ) 8, Stirn (μετώπῳ) 128, Hals (τραχήλῳ) 8, Lippen (ἐπὶ χείλους τῷ κάτω)[3] 2, Mundwinkel (χαλινῷ)[4] 1, Nase (ῥινί) 20, Zahn (ὀδόντι, ὀδ. ἄνω)[5] 3, Backe (μήλῳ) 24, Gesicht (προσώπῳ, προσ. μέσῳ)[6] 3, Kopf (κάρα) 1.

B. Oberkörper. Ellenbogen (πῆχι) 39, Arm (βραχίονι) 4, Handwurzel (καρπῷ) 18, Brust (στῆθι, στέρνῳ) 2, Schulter

---

[1]) Stud. Pal. I 117.

[2]) Fay. 39. CPR 29, 10. Oxy. III 492, 17, 21.

[3]) Grenf. II 15 (II) 6; II 23a.

[4]) Paris 10.

[5]) „Ein abgebrochener Schneidezahn", wie es richtig Grenfell, Pap. Grenf. II, S. 57, und Wenger, Gött. Gel. Anz. 1907, 288, erklären.

[6]) BGU IV 1045 (I) 10, Flor. I, S. 49, Anm., Sammelbuch 428, 10.

(ὤμῳ) 2, Hand (χειρί) 18, Finger 76, und zwar a) οὐλὴ δακτύλῳ χειρὸς ἀριστ. resp. δεξ. 6. b) genaue Bezeichnung des Fingers: Daumen (ἀντίχειρι; δακτύλῳ μεγάλῳ [vgl. Aelian, v. h. 2, 9]) Mey. 4, 23. Stud. Pal. I 34, 2. Flor. 52; Zeigefinger (λιχανῷ) Lips. 12, 9. Flor. 314, 3. Cairo Goodsp. 13, 1; Mittelfinger (δακτύλῳ μέσῳ) Amh. 113, 25. CPR 246, 11. Flor. 75, 7; Ringfinger (δακτύλῳ δευτέρῳ[1])) BGU I 86, 4. Genf. 8, 9. Amh. 113, 11; kleiner Finger (δακτ. μικρῷ; δ. πρώτῳ[1])) BGU I 153, 7. II 427, 11. Grenf. II 46, 8.

C. Unterkörper. Schienbein (ἀντικνημίῳ) 84, Fuß (ποδί) 36, Schenkel (μηρῷ) 6, Unterschenkel (κνήμῃ) 5, Knie (γόνατι) 55, Wade (γαστροκνημίᾳ) 19, Fußsohle (βήματι[2]); ἴχνι ποδός[3])) 3, Knöchel der Ferse (ἀστραγάλῳ ποδός) 7.

Die Zusammenstellung zeigt, daß die οὐλαί an fast allen Teilen des Körpers begegnen, daß man aber solchen an Stirn, Augbrauen, Finger und Ellenbogen, d. h. an den am leichtesten erreichbaren Stellen — am Kopfe befindet sich überhaupt die Mehrzahl aller οὐλαί — den Vorzug gab. Nur im Notfall kann man zu schwerer erreichbaren und von der Kleidung verhüllten Körperteilen übergegangen sein, so namentlich bei Frauen zum Knie[4]), Wade[5]), Schienbein[6]), Unterschenkel[7]). Die große Zahl der οὐλαί an Schienbein, Knie und Finger läßt gleichzeitig erkennen, daß es sich bei ihnen in der Mehrzahl um Narben handelt, die auf Verletzungen zurückgehen. Nun sind zwar derartige Verletzungen noch heute für den Orient durchaus typisch; aber ausschließlich können es, bei einem Signalementverfahren, das

---

[1]) Vgl. Plat. Rep. VII 523 C τρεῖς ἂν εἶεν δάκτυλοι, ὅ τε σμικρότατος καὶ ὁ δεύτερος καὶ ὁ μέσος. Dann muß der πρῶτος gleichfalls der σμικρότατος sein.

[2]) Sammelbuch 4284, 71. Deshalb muß auch BGU II 667, 20 οὐλ(ὴ) βήμ(ατι) ποδ(ὸς) δεξ(ιοῦ) ergänzt werden.

[3]) Lond II 348, p 214. BGU I 350, 2 wird statt οὐλὴ θέρσωι ἀριστ., mit Gradenwitz, Einführung S. 130, vielmehr οὐλὴ ταρσῷ (Fußsohle) zu lesen sein.

[4]) BGU I 95, 14. Grenf. II 61.

[5]) BGU II 472, 7. II 975.

[6]) CPR 22, 3. Ryl. II 162, 4.

[7]) Ryl. II 160c (II).

generell zur Anwendung gelangt, nur auf dem bloßen Zufall beruhende Verletzungen nicht gewesen sein. Es müssen daher Körpermale jeder Art, vor allem auch durch Hautkrankheiten — auch diese noch heute das Charakteristikum des Orients — hervorgerufene Male, überhaupt alle mehr als vorübergehenden Zeichen auf der Haut unter die Kategorie der οὐλαί fallen. Das läßt auch eine Bezeichnung wie: οὐλή φακὸς μετώπῳ in BGU III 854, 9 erkennen. Man wird deshalb οὐλή statt mit „Narbe" hier besser mit „Körpermal" oder einfach „besonderes Kennzeichen auf der Haut" wiederzugeben haben [1]). So haben auch mehrfache οὐλαί bei einer und derselben Person nichts Auffallendes: Petr. III 2, 15 f. οὐλὴ ἐπὶ μήλου παρ' ὄφρυν [ἀριστερὰν] καὶ ἄλλη μετώπωι μέσωι καὶ ἄλλη μετώπῳ ὑπὲρ ὄφρυν δεξιάν, Petr. III 7, 24 οὐλὴ] μυκτῆρι ἄκρωι καὶ ἄλλαι ὑπὸ γενείωι, Petr. III 11, 5 οὐλαὶ πλείου[ς] μετώπωι, Sammelbuch 428, 10 οὐλαὶ προσώπωι [2]); ebensowenig die nicht übereinstimmenden οὐλαί derselben Person auf verschiedenen Urkunden. So heißt es im Signalement desselben Mannes Flor. 14, 2 (ἐτῶν) νη οὐλὴ ἀντικνήμ. ἀριστ.; Flor. 53 aber οὐλὴ ἀντικνημ. δεξ.. Ebenso haben in jenen Einwohnerlisten Lond. II, p. 39, wie wir sahen (oben S. 5), die einzelnen aufgeführten Personen in den verschiedenen Jahren verschiedene οὐλή-Bezeichnungen. Der Zuverlässigkeit für die Identifizierung tat das keinerlei Abbruch; das Entscheidende ist im Falle einer Nachprüfung das tatsächliche Vorhandensein der im Signalement genannten οὐλή am Körper. Etwas anderes freilich ist es, wenn, was öfter begegnet, verschiedene Personen auf derselben Urkunde dieselben οὐλαί haben. So haben in BGU III 834, 5, 8, 9, 10 vier Personen alle eine οὐλὴ δακτύλῳ μικρῷ

[1]) Wenn in vielen Fällen gleich bezeichnet wird, daß das Mal ein φακός an der und der Stelle des Körpers ist, d. h. φακός an Stelle von οὐλή steht — die Beispiele sind zahlreich; es kommen die gleichen Körperteile vor wie bei den οὐλαί —, so beweist das nicht, daß im Gegensatz dazu οὐλή ausschließlich „Narbe" ist. Steht φακός, so ist es gegenüber οὐλή keine andersartige, sondern nur eine genauere Bezeichnung. Einzig, wenn ein bestimmter φακός im Signalement neben einer bestimmten οὐλή steht (BGU II 472, 7. Paris 10, Ryl. II 174, 7) ist οὐλή ausschließlich Narbe.

[2]) Vgl. ferner: Petr. III 11, 2. Ryl. II 160c (II). Stud. Pal. I 34, 2.

χιρὸς ἀριστερᾶς, in BGU I 76 Mutter und Sohn: οὐλὴ ἀνκῶνι ἀριστερῷ, BGU IV 1016 Vater und Sohn beide: οὐλὴ ῥινὶ μέσῃ, BGU III 702 Schwester und Bruder: οὐλὴ ὀφρύι ἀριστερᾷ. Das kann nur auf Flüchtigkeit und Ungenauigkeit bei der Aufnahme des Signalements durch den Notar zurückgeführt werden. Ein mehr schematisches Verfahren findet sich zuweilen auch in den ausführlichen Angaben des ptolemäischen Signalements [1]). Flor. 52 gehört aber nicht hierher: von den 15 Aurelioi haben zwar 11 alle an der linken Hand die οὐλαί; aber an verschiedenen Stellen der Hand. Auch hier wählte man diejenigen Male, die am leichtesten erreichbar waren. An Strafzeichen, wie Hohlwein, L'Egypte Rom. S. 159, vermutet, kann ich bei solchen Fällen nicht denken. Das Beispiel zeigt, wie groß die Möglichkeit der Feststellung von οὐλαί bei der Einzelperson tatsächlich ist. Nur unter dieser Voraussetzung war die Beschränkung des Signalements auf Alterszifffer und οὐλή möglich. Dem entspricht es, wenn die Zahl der ἄσημοι [2]) eine verhältnismäßig geringe ist.

---

[1]) Man vergleiche nur die einzelnen Signalements der Partner miteinander in Grenf. II 23a. Oxy. I 73; III 504. Teb. 397. Lond. III 1166, p. 104; 879, p. 5. Ryl. II 156, 33 ff.; 159, 43 ff; 162 u. a.

[2]) Teb. 397, 4 und Soc. Ital. II 182, 8 heißt es statt ἄσημος: οὐλὴν οὐκ ἔχων.

FSC
www.fsc.org
MIX
Papier | Fördert gute Waldnutzung
FSC® C083411

Kolibri 360 GmbH
Ferdinand-Jühlke-Straße 7
99095 Erfurt, Deutschland
produktsicherheit@kolibri360.de